UNIVERSALE
ECONOMICA
FELTRINELLI

MATTEO
RIGHETTO

La stanza delle mele

Pubblicato in accordo con Piergiorgio Nicolazzini Literary Agency (PNLA)
Prima edizione ne “I Narratori” aprile 2022
Prima edizione nell’“Universale Economica” maggio 2023
Seconda edizione settembre 2023

Stampa 3 Erre Srl - Orio Litta (LO)

ISBN 978-88-07-89791-7

Questo libro è un’opera di fantasia. Personaggi e fatti citati sono invenzioni dell’autore e hanno lo scopo di conferire veridicità alla narrazione. Qualsiasi analogia con fatti e persone, vive o scomparse, è assolutamente casuale.

La stanza delle mele

A mio padre

"Le anime dei morti fanno vento, quando si staccano dal corpo."

Elias Canetti

"La vita di una persona consiste in un insieme di avvenimenti di cui l'ultimo potrebbe anche cambiare il senso di tutto l'insieme."

Italo Calvino

Prima parte

1.

Quando il nonno ordinava qualcosa con quel tono, era meglio sbrigarsi.

Più era aspro il timbro della voce e più urgente si presentava il suo comando: un'imposizione che alle orecchie del nipote giungeva come una folgore che si schianta su un larice.

E quando il vecchio Angelo Nef intimò a Giacomo di tornare nel bosco per recuperare la roncola che aveva dimenticato lì al mattino, di lampi se ne incominciavano a intravedere parecchi. Avanzavano da nord, oltre il massiccio del Sella, accompagnati da un muro di nubi oscure.

Era un tardo pomeriggio d'agosto e la luce mostrava ancora con chiarezza le creste del Padon e della Marmolada al di là della vallata, mentre di qua tingeva di giallo il versante sud del Col di Lana, alle cui pendici era aggrappata Daghè, la minuscola frazione di Livinallongo. Tre case, tre fienili, tre famiglie. Fra queste, i Nef, contadini da generazioni.

Quando il nonno gridò, la nonna stava facendo ribollire in un grande pentolone l'orzo per la minestra della cena e anche per quelle dei giorni seguenti; mentre i due fratelli maggiori di Giacomo erano nel tabià a fianco della vecchia casa tirolese, impegnati a battere la segale raccolta nelle settimane precedenti. *Ta-tam, ta-tam, ta-ta-tam...* Il rumore sordo e ripetuto del correggiato sul vecchio pavimento di abete si confondeva con il lontano boato dei tuoni.

All'ordine del vecchio, Giacomo si rizzò in piedi, guardò

il nonno inginocchiato per terra intento ad accendere la stufa in maiolica e, senza attendere altro, afferrò le scarpe, vecchie e consumate dalle salite e dalle discese che lassù dettavano legge in ogni istante della vita.

Le calzò velocemente, strinse i lacci con rabbia e uscì subito di casa.

"Nel *Bosch Negher*!" gridò nuovamente il vecchio, ma a quel punto Giacomo era già lontano. Sapeva bene che gli ordini del nonno erano di due tipi: da eseguire all'istante o da fare immediatamente. Disobbedirgli significava andare incontro a certa e severa punizione, di quelle che lasciano sempre segni sul corpo, quindi era meglio alzare i tacchi e correre fino al Bosco Nero.

Il ragazzino fiutò l'aria carica di nuova umidità, scrutò il cielo cupo che avanzava da nord e tese l'orecchio per calcolare la distanza del temporale. Valutò che se avesse messo in gioco tutta la sua agilità, ce l'avrebbe fatta. Ossuto ma pieno di vigore ed energia come un giovane capriolo, Giacomo aveva poco più di undici anni, i capelli come l'avena e grandi occhi castani, curiosi e vispi.

Costeggiò di corsa la casa, passò a fianco del fienile dal quale riecheggiavano i battiti ripetuti dei correggiati e raggiunse il *fistìl*, l'abbeveratoio scavato nel tronco di un larice dal quale d'estate sgorgava l'acqua che il torrente Ruaz conduceva giù dai crinali del Col di Lana. Si rinfrescò il viso, fece due bei sorsi che gli congelarono i denti e con il dorso della mano si asciugò la bocca. In quel momento un refolo d'aria portò al suo naso un terribile miasma. Proveniva dal roveto spinoso a pochi metri da lui, dietro il pollaio vuoto. Giacomo intuì subito di cosa si trattava, ma voleva vederlo da sé. Passo dopo passo, quell'odore divenne insopportabile, un fetore che si aggrappava alle narici e gli risaliva la testa fino a fargli lacrimare gli occhi. Strinse il naso tra indice e pollice e trattenne il respiro, finché giunse al roveto. Nulla. Spostò lo sguardo verso le foglie di *lavàz* cresciute a dismisura tutt'intorno e finalmente intravide il *mader* ucciso dal nonno e poi gettato lì. La faina giaceva ribaltata e rigonfia, con il ventre bianco all'insù e il muso paralizzato a mostrare i minuscoli denti aguzzi. Tre notti prima era entrata nel pollaio e aveva fatto strage di *pite*, le galline. Giacomo sapeva che il *mader* mica è come la volpe, che preda i polli per mangiarseli; la faina viene presa da una diabolica frenesia che non risparmia neanche un pennuto. Li morsica dietro la nuca fino a mozzargli la testa e poi sbrega loro l'addome facendone fuoriuscire le budella. A strage compiuta, se ne va senza consumare il pasto. La mattina dopo la visita al pollaio da parte di quel *mader*, lo spettacolo era stato straziante, e così il nonno aveva giurato di farsi giustizia da sé. Aveva catturato un'arvicola, l'aveva messa come esca dentro una gabbia arrugginita e posta vicino al pollaio, sperando che il *mader* tornasse. E all'alba del giorno dopo il nonno l'aveva trovata dentro la gabbia che soffiava e gridava dimenandosi e addentando le sbarre metalliche. Il vecchio aveva afferrato la gabbia, l'aveva immersa nell'abbeveratoio posandola sul fondale e se ne era andato soddisfatto a mungere le vacche.

Giacomo distolse gli occhi dal corpo esanime della bestiola, tornò alla fonte, si bagnò nuovamente il viso tentando di lavarsi di dosso quel puzzo e poi via, di corsa su per il prato dove erano spuntati i primi crochi autunnali, e poi a est. Devo correre forte, pensò, che ho già perso troppo tempo.

Raggiunse in fretta la traccia del *Triòl dei Mòrc*, la via dei morti. Era un sentiero antichissimo che si snodava in alta quota da Colle Santa Lucia, a quei tempi sprovvista di camposanto, fino ad Arabba, là dove i defunti potevano ricevere sepoltura.

Ogni volta che Giacomo passava di là, gli sembrava di vedere una lunga fila di persone vestite a lutto che avanzava intonando canti lugubri. Si chiedeva sempre se quella vecchia storia fosse vera oppure no, in ogni caso prima avvertiva un brivido freddo che gli faceva vibrare tutto il corpo, e poi finiva per pensare a sua mamma, che non c'era più, e a suo papà, che non aveva mai avuto la grazia di conoscere.

Continuò a correre in direzione di Ciamplò, verso i ruderi del castello di Andraz, e in breve si avvicinò al Bosco Nero dove lui e suo nonno erano saliti per far legna e ramaglie, e dove avevano dimenticato la roncola. Si fermò un istante per riprendere fiato, le mani sulle ginocchia. Osservò il cielo, tuoni e lampi si susseguivano facendosi ormai prossimi. Fissò le vette davanti a sé. Sognava di potercisi arrampicare, anche se suo nonno non gliel'avrebbe mai permesso perché diceva che scalare era una roba da stranieri, non da gente di montagna. Per il vecchio non aveva alcun senso salire per poi ridiscendere senza, in tutto ciò, averci guadagnato nulla, nemmeno una cresta di gallo. Giacomo non era d'accordo, e ogni giorno che Dio mandava sulla Terra, guardava le pareti di roccia con gli occhi colmi di desiderio. Il panorama da lassù doveva essere qualcosa di strepitoso, e si riprometteva che prima o poi ci sarebbe salito eccome.

Presto il Lagazuoi e la Tofana di Rozes vennero nascoste da una muraglia di nuvole e una nuova brezza prese a soffiare portando con sé l'odore della tempesta. In pochi istanti si fece vento, che iniziò a piegare i cimali della pecceta dentro la quale doveva incamminarsi.

Affrettò il passo, penetrò la fitta selva ai margini della foresta vera e propria e tentò di individuare la zona dove il nonno aveva fatto gli ultimi lavori. Un fulmine lampeggiò sopra gli alberi piegati dal vento e poco dopo rimbombò il tuono. Per un attimo Giacomo ebbe paura di proseguire, ma poi strizzò gli occhi, non c'era nulla da temere. Un altro lampo, un altro rombo di tuono, seguiti da altri ancora, sempre più ravvicinati. Foglie e rami iniziarono a volare via, mulinando tra i fusti degli abeti rossi rinsecchiti di quel bosco oscuro. Improvvisamente a Giacomo venne in mente il punto esatto dove lui e suo nonno avevano fatto una pausa per legare le ramaglie adatte ad accendere la stufa. Si ricordò che poco prima di mezzogiorno avevano caricato i fasci di legna sul carretto trainato da *Ey de Net*, il loro cavallo Avelignese, e infine erano scesi a Daghè.

Sicuramente la roncola è rimasta lì, pensò.

Con uno scatto risalì il ripido versante del sottobosco e quando per terra notò svolazzare trucioli e schegge di legna, tracce del loro passaggio mattutino, si rallegrò. Un nuovo lampo mostrò la foresta e subito dopo un tuono fece vibrare la terra sotto i suoi piedi. Poi un altro e altri ancora, sempre più forti. Un barbagianni gridò ripetutamente senza mai mostrarsi. Le prime, rade gocce di pioggia cominciarono a cadere dal cielo pesanti come ghiande. Giacomo avanzò nella penombra, abradendosi le braccia tra gli arbusti e i rami bassi degli abeti mossi dal vento, ma non staccò un istante gli occhi da terra per vedere se riusciva a scorgere quella maledetta roncola. Il vento si fece impetuoso e la pioggia si tramutò in una grandinata. Giacomo brancolò nella penombra finché gli parve di vederla, qualche metro più a valle, con la sua lama ricurva. Sembrava proprio la roncola del nonno, anche se non poteva esserne certo perché sapeva bene che nel bosco molte cose sembrano ciò che non sono. Attento a non scivolare per via del terreno imbevuto d'acqua, scese di qualche passo e si portò più vicino. La grandine intanto picchiava il bosco come se volesse abbatterlo. Giacomo non si arrese. Si coprì la testa con le mani e proseguì verso il baluginare del metallo finché riconobbe il manico in legno di tasso. Sorrise. Poi con la coda dell'occhio notò uno strano movimento. Un fremito gli vibrò sottopelle. Gli occhi si mossero verso sinistra, attratti da una grande ombra. Rimase immobile sotto il bombardamento dei grani di ghiaccio che percuotevano gli alberi mentre il vento li piegava sempre più. Guardò meglio ma non capì che cosa fosse quella presenza enorme che oscillava a mezza altezza da una parte e dall'altra.

Un bagliore rischiarò il bosco. Un attimo accecante.

Era un uomo impiccato.

2.

Giacomo fece un passo indietro e cadde a terra. Steso tra i grani di ghiaccio e incapace di rialzarsi gridò forte, ma l'ululato del vento portò via la sua voce mentre la grandine continuava a tempestarlo. Si rialzò, guardò ancora la sagoma penzolante di quell'uomo senza una scarpa e con la rapidità di una lepre braccata scattò via, ruzzolando più volte nel bosco. Corse veloce, finché finalmente uscì dal *Bosch Negher* e raggiunse i primi prati falciati e puntellati di grandine. Il suo cuore volava più dei piedi e il respiro gli sembrava strozzarsi in gola. Scese con l'impeto di una valanga, senza mai pensare a dove metteva i piedi né a voltarsi indietro. Cadde di nuovo, si rialzò e riprese subito a correre. Non riusciva a togliersi dalla mente l'immagine di quel corpo, di spalle, appeso a una corda legata a un grosso ramo d'abete rosso.

"Chi può essere?" pensava mettendo una gamba davanti all'altra e passandosi un avambraccio sugli occhi per asciugare la pioggia sul volto.

Raggiunse il *Triòl dei Mòrc* e da lì continuò la discesa forsennata verso casa, sull'uscio lo attendeva la nonna.

"Giacomo!" gli gridò.

Il suo era un tono tra il rimprovero e il sollievo.

Il nipote le si avvicinò. Era fradicio, con gli occhi spalancati dalla paura e il cuore che batteva come il becco di un picchio nero sul tronco.

"Santo cielo, sei tutto bagnato. Stai bene?" chiese la vecchia Frida, magra e con il viso grinzoso, vestita di nero, con un grande fazzoletto legato in testa.

Lui non rispose, sembrava paralizzato.

Alle spalle della donna si manifestò suo marito Angelo.

Il nonno fissò il nipote senza alcuna compassione e vide che le sue mani erano vuote.

"Dov'è la roncola?" gli chiese il vecchio scostando la moglie di lato.

Giacomo non aprì bocca. Avrebbe voluto parlare ma non ci riusciva. Le parole gli si fermavano tra la lingua e i denti.

"Sapevo che non potevo fidarmi di te..." disse il nonno minaccioso.

La nonna provò a dirgli: "Angelo...".

"Zitta!" sentenziò il vecchio. Afferrò una verga nodosa di nocciolo che stava sempre appoggiata allo stipite della porta e si avvicinò al ragazzino inerme.

"Perché non l'hai recuperata?" domandò severo.

No che non l'aveva trovata, avrebbe voluto dirgli, e poi che nel bosco era troppo buio, che tirava un vento forte e che lassù grandine e pioggia erano incessanti. La verità no, quella era meglio non dirgliela, pensò.

Il nonno strinse la verga di nocciolo e con un gesto fulmineo lo colpì a lato di un ginocchio, quindi lo prese per un orecchio e disse perentorio:

"In castigo!".

Lo condusse davanti a un vecchio portoncino di legno posto sulla parete settentrionale della grande casa, sopra la stalla.

Il ragazzino si voltò per cercare lo sguardo della nonna, ma la vide voltarsi e rientrare in casa. Ogni volta che il vecchio lo puniva per qualche cosa, lei non diceva niente, accettava qualunque decisione del marito come se fosse l'effetto di una insondabile volontà divina. Anche Giacomo era incapace di reagire. Come una preda senza via di scampo.

Il vecchio aprì il lucchetto, spalancò il portone cigolante e spinse dentro il nipote.

"Così la prossima volta impari a cercare meglio!"

Nato settantatré anni prima proprio in quella casa di Daghè, a dispetto del suo nome Angelo Nef era un uomo autoritario e austero, tanto che Giacomo e i suoi fratelli non l'avevano mai visto o sentito ridere una sola volta in tutta la loro vita. Scoliotico eppure mai domo nei lavori agricoli, portava due baffi bianchi e vestiva notte e giorno la falda blu, il grembiule dei contadini sudtirolesi.

Giacomo si rimise in piedi anche se gli faceva male la gamba dove era stato colpito. In controluce vide la sagoma del nonno che richiudeva la porta, poi sentì il rumore del chiavistello e del lucchetto e infine i suoi passi allontanarsi mentre sembrava che il temporale avesse girato lontano per prepararsi a tornare nuovamente su Daghè, Livinallongo e tutta la vallata di Fodòm.

Si sedette per terra e mise la testa fra le ginocchia. Lo stomaco gli brontolò per la fame e per la sete. Iniziò a piangere, ma non come le altre volte. Era come se le lacrime avessero origine più in profondità, da una sorgente inesplorata.

3.

I Nef la chiamavano "la stanza delle mele". Lontana dalle camere e dall'abitazione veniva utilizzata come magazzino alimentare, in particolare per stivare le mele selvatiche che ogni autunno Giacomo e i suoi fratelli raccoglievano e depositavano lì dentro, avvolte in carta di giornale e adagiate sul fieno. Le mele venivano sistemate con rigoroso ordine e consumate con parsimonia durante l'inverno oppure utilizzate da Angelo Nef per la preparazione di *mòst*, sidro e distillati alcolici che rivendeva alle osterie di Alleghe e Caprile. Il vecchio si prendeva cura delle mele con una attenzione maniacale e nonostante fosse l'unico membro della famiglia a possedere la chiave di ferro che apriva il portoncino di quell'antro scuro, tra l'autunno e l'inverno trovava il tempo per andare a contare ogni giorno i pomi uno a uno e vedere se i nipoti avevano fatto i furbi.

Prendeva in mano le mele, le soppesava, controllava che fossero sane e infine le riponeva nel fieno ruotandone leggermente la posizione, affinché la superficie fosse sempre arieggiata in modo uniforme. Quando ne trovava una guasta, imprecava e la dava ai porci. Durante l'estate per fortuna di mele da addentare lì non ce n'erano e quindi il rischio di finire in castigo dovendo anche resistere alla tentazione, per Giacomo, era scongiurato. Tuttavia la loro lenta maturazione rilasciava nell'aria e sulle pareti di quella piccola stanza un sentore così gradevole che sembrava quasi che quel luogo fosse sempre pieno di mele profumate.

Giacomo respirò a fondo e si sedette sotto l'unica finestrella con inferriata che dava verso l'esterno, mentre ascoltava il battito sordo del suo cuore al ritmo dei tuoni.

Se chiudeva gli occhi lo rivedeva di nuovo lì, quell'uomo, proprio di fianco a lui, penzolare fradicio come un fantoccio. Finì per rannicchiarsi in un angolo della stanza vicino al distillatore, al torchio e agli alambicchi in rame.

Ogni volta che il nonno lo rinchiudeva lì dentro, le ore per Giacomo non passavano mai, e allora si rifugiava nei ricordi di quando era più piccolo, si trastullava nei suoi desideri, si faceva travolgere dalle paure, che poi erano sempre le stesse, soprattutto quella di essere abbandonato. Di ritrovarsi solo al mondo.

Oggi però era inutile. Sì, forse quella di prima era stata una visione, un abbaglio. A volte gli capitava di autosuggestionarsi di fronte a qualcosa vagamente misterioso. Ma quello che aveva visto era proprio un uomo. Aveva visto il suo collo allungato sotto il cappio, le braccia e le gambe a penzoloni, e nell'istante in cui il fulmine aveva acceso la luce sul mondo, aveva perfino potuto distinguerne i vestiti: pantaloni di velluto, camicia a quadri blu e nera e un solo scarpone. Forse era un compaesano, tentò di capire a chi potesse somigliare quel cadavere o se in paese avesse mai visto qualcuno indossare una camicia così. Non gli venne in mente nessuno. Niente di niente.

Intanto il temporale stava ritornando sui suoi passi e i tuoni si fecero nuovamente potenti.

Giacomo vide ancora il corpo di quel pover'uomo appeso alla corda, nel bosco, sotto quel diluvio. Gli si accartocciò il respiro nel petto e provò per lui un sentimento di compassione simile a quella che aveva provato per il *mader* affogato dal nonno.

Pensò alla solitudine straziante di quell'uomo: abbandonato a se stesso in balìa del vento, della pioggia e della barbara volontà della foresta. Si guardò la mano sinistra, con il mignolo e l'anulare storti, e la fece scivolare a terra fino a un punto preciso, con un movimento lento e sicuro, un gesto ripetuto a memoria. Sotto una manciata di paglia i suoi polpastrelli avvertirono lo scanso di un'asse di abete leggermente in rilievo rispetto alle altre. La tirò piano piano fino a sollevarla quel tanto che bastò per infilarvi la mano dentro, in profondità. Come un prestigiatore che estrae un coniglio dal suo cilindro, Giacomo tirò fuori un piccolo ciocco di cirmolo e un coltellino da intaglio.

Scolpire era la sua passione, e diventare uno scultore ligneo come gli artisti e i maestri d'arte della Val Gardena era il sogno più grande. Così, ogni volta che il nonno lo metteva in castigo segregandolo in quel luogo, Giacomo apriva il suo nascondiglio segreto e passava le ore a intagliare ciocchi di legno per poi nasconderli in una piccola botola che egli stesso aveva ricavato clandestinamente sotto il pavimento.

Intagliava piccoli animaletti del bosco e dell'alta montagna: cervi, orsi, gufi, aquile, marmotte, e quando li terminava ne recuperava uno alla volta e lo liberava come se fosse un animale vero. Non era bravo a scolpire e se ne rendeva conto, tuttavia non mollava. Non gli piacevano i cristi, i santi e le madonne che vedeva esposti in ogni chiesa e a ogni crocicchio col suo capitello, perché quelli gli ricordavano la noia mortale della messa domenicale, la disciplina ferrea della dottrina cristiana, il catechismo, gli sguardi di don Floriano e le sue punizioni, le astruse regole devozionali da seguire ogni giorno del calendario, i digiuni. Tutte cose che gli stringevano la bocca dello stomaco e lo facevano sentire ancora più solo e lontano da un dio che tutti adoravano ma che ai suoi occhi era solo un gran egoista.

"Dov'era questo Cristo quando mia mamma è morta?" si chiedeva spesso quando era chiuso nella stanza delle mele.

"E dove stava rintanato quando mio papà non è più tornato dalla guerra in Russia?"

Se i suoi nonni avessero saputo di questi suoi pensieri, Giacomo sarebbe certamente finito male. La nonna Frida lo avrebbe considerato posseduto dal maligno, mentre il nonno lo avrebbe bastonato a sangue per quell'imperdonabile affronto a Dio, dal quale bisogna accettare ogni destino.

E il destino con Giacomo e i suoi fratelli era stato crudele.

Appena due anni prima il tifo si era portato via Giuliana, la loro madre. Giovanni Nef, loro padre, era stato dato disperso in Russia undici anni prima, durante la ritirata del Settimo reggimento alpini della divisione Julia.

Era partito nell'agosto del 1942 quando Giuliana era incinta di Giacomo e non era tornato mai più.

Ogni volta che si ritrovava rinchiuso lì dentro, fantasticava che suo papà, che non aveva mai visto in vita sua e di cui ignorava la voce, improvvisamente aprisse il portoncino della stanza delle mele e venisse a liberarlo per portarlo via con sé.

Giacomo sospirò, si passò una mano tra i capelli, prese il ciocco di cirmolo e lo portò al naso. Il suo profumo era una delizia, un odore inebriante e sincero come l'aria primaverile dei pascoli in alta quota. Con la sinistra afferrò il coltellino e iniziò a lavorarlo.

Nessuno sapeva di questa sua passione tranne Teresa, sua coscritta e compagna di classe, l'unica persona che lo ascoltava volentieri.

Di lei si fidava e qualche settimana prima le aveva regalato un camoscio di legno fatto con le sue mani.

Gliel'aveva dato dopo il catechismo, nel cimitero dietro la chiesa, tra le croci in ferro battuto e le tombe ricoperte dall'erba e dai primi fiori di tarassaco, le *polente* che dopo ogni disgelo riempivano i prati di gioiose stelle gialle.

"È davvero per me?" aveva esclamato la bambina.

"Mi spiace se non è bello, ma magari più avanti te ne farò uno migliore. Le corna non mi sono venute tanto bene..."

"Ma va' là, è bellissimo! Che legno è?"

"Cembro. Non senti come profuma?"

Teresa se l'era portato al naso e gli occhi le si erano illuminati.

Alcune rondini garrivano sopra di loro, svolazzando intorno al campanile.

Per un attimo il ricordo spazzò via l'immagine del morto nel bosco.

Giacomo si concentrò sul nuovo ciocco e cominciò a intagliarlo con le idee chiare.

4.

Poco prima dell'alba il temporale si dissolse restituendo le ultime stelle della notte, i canti dei tordi e le sfumature pastello del cielo alpino.

Le luci del giorno rischiararono di rosa tutte le vette intorno, da est a ovest: la Croda Negra, l'Averau e il Nuvolau, il Civetta, il Sasso Bianco, il Padon e la grande Marmolada, completamente ricoperta di neve e ghiaccio. Eccetto il canto delle cince e dei codirossi che si spandeva nei boschi e nell'aria dei pascoli, umida e fresca, intorno a Daghè stagnava il profondo silenzio umano.

Nella stanza delle mele Giacomo dormiva sulla paglia, acciambellato in posizione fetale. Il coltello da intaglio e il ciocco di cirmolo lavorato giacevano al suo fianco.

Un topolino rasentò i quattro muri e poi si avvicinò al suo respiro. Si sollevò sulle zampe posteriori, fiutò l'aria e fuggì infilandosi in una crepa del pavimento.

Un grido attraversò subito dopo il cielo sopra il piccolo abitato.

Giacomo aprì un occhio e poi un altro. Con un guizzo si tirò su, raccolse coltellino e ciocco e li ficcò nel nascondiglio sotterraneo. Le vene nelle tempie e nella testa presero a pulsare come se il sangue avesse rotto una diga all'altezza del collo.

Il grido intermittente si ripeté, ancora più straziante e sempre più vicino.

All'esterno alcuni passi si avvicinarono al portoncino, poi si udì un rumore metallico di chiavi e infine quello secco e cigolante del chiavistello. L'uscio si spalancò. La silhouette in controluce sembrava quella di un soldato o forse, pensò Giacomo, l'impiccato era venuto a prenderlo. Invece era il nonno.

Con una mano teneva la gabbia dentro la quale un altro esemplare di *mader* lanciava grida atroci, con l'altra brandiva la sua vecchia roncola.

"Da mangiare non ce n'è, ma da lavorare sì!" disse perentorio il vecchio rimanendo fermo contro lo stipite della porta.

"Il letame non aspetta!" continuò. Poi gli voltò le spalle e si allontanò, mentre il *mader* continuava a lanciare grida.

Giacomo era incredulo: come aveva fatto a recuperare la roncola? Allora lo aveva visto il cadavere di quell'uomo?

"Muoviti, bastardo!" gridò il vecchio da lontano voltandosi verso il nipote.

Quando era arrabbiato lo chiamava sempre in quel modo. Era convinto che il più piccolo dei nipoti fosse nato da una relazione di sua nuora fuori dal matrimonio e non mancava mai di ribadirlo con astio.

Quella mattina l'aria fredda pungeva sui piedi e sulle mani, lui si sentiva stanco, la pancia gli chiedeva cibo con ripetuti brontolii, la vista era annebbiata e le ossa della schiena gli sembravano indurite e friabili come il pane vecchio.

Ma non aveva scelta. Si mise sulle ginocchia e poi si tirò su.

Concimare i campi era uno dei mestieri più faticosi di fine estate. Molto più che arare, seminare, mietere, fare fieno, fare legna e prendersi cura delle bestie. Spargere il concime significava caricarsi sulle spalle la pesante gerla piena di letame, risalire i prati e disperdere lo sterco bovino manualmente, per poi scendere e ricominciare tutto daccapo, per diverse volte.

La sera prima gli sembrò un ricordo lontano. Si ripeté che forse si era davvero sognato tutto.

Si incamminò verso la fontana. Bevve e si lavò il viso.

Il nonno posò la gabbia sul bordo della vasca, tirò su col naso e sputò per terra. Indicò la roncola al nipote.

Giacomo si asciugò il viso con l'avambraccio e scostò i capelli dagli occhi. Poi disse:

"Dov'era?".

"Dove l'avevo lasciata!" Afferrò la gabbietta e la immerse in acqua, posandola sul fondale.

Il silenzio della morte riconquistò la frazione di Daghè.

Giacomo si voltò dall'altra parte e si diresse al fienile, prese con sé la grande gerla, poi andò al letamaio e con un badile la riempì di stallatico, quindi se la caricò sulle spalle e attraversò l'aia davanti alla casa.

La nonna era ferma sull'uscio e, quando le passò vicino, lei gli andò incontro.

"Toh, prendi!" gli disse sottovoce, e con un gesto furtivo estrasse un pezzo di pucia nera da una tasca del grembiule.

Giacomo la ringraziò e si ficcò in tasca il pane, incamminandosi in salita verso i campi da concimare.

5.

Giacomo avanzava a fatica.

Guardò indietro per capire se il nonno lo stava seguendo, poi fissò le pendici del Col di Lana davanti a sé e mosse gli occhi verso il *Triòl dei Mòrc* e poi su, verso il *Bosch Negher.*

Riprese la salita sui prati tentando di non pensarci più, lo sguardo basso sulle decine di colchici che annunciavano la fine dell'estate. Sentiva le gambe indolenzirsi e quando fu abbastanza lontano da casa da non poter più essere scorto, posò la gerla a terra, si sedette qualche istante e azzannò il pane con due morsi. Il pensiero dell'impiccato gli salì di nuovo in testa. Si guardò intorno. Conosceva a memoria quel panorama, era un paesaggio che faceva parte della sua vita, tuttavia Giacomo non si stancava mai di ammirarlo, ogni giorno lo vedeva diverso. Il sole era ancora basso, alcune poiane volteggiavano alla ricerca di prede, la Marmolada si ergeva maestosa sulla schiena dell'ombroso Padon. Quel giorno il paesaggio gli metteva paura.

Riprese il cammino e raggiunse il luogo prestabilito. Lo riconobbe perché sul terreno erano conficcati la forca e un coloratissimo *kodàr da cêmp*, il bossolo lungo e sottile in cui si mettono l'acqua e la pietra per affilare la falce. Sudato e senza fiato, rovesciò per terra il letame e con la forca iniziò a spargerlo il più possibile per concimare il campo dove poi sarebbero stati seminati orzo e segale. L'odore dello stallatico gli pizzicava il naso e gli faceva contorcere lo stomaco, ma non si fermò un attimo fino a che terminò quel primo carico. Come semi di soffione, diverse cornacchie si posarono un po' per volta sul pendio più a valle.

Giacomo si asciugò la fronte, sistemò la gerla sulle spalle e scese verso casa per bere, fare un altro carico di letame e risalire ancora, e poi ancora. Tutta quella fatica però non riusciva a spazzare via l'angoscia della sera prima, di fronte alla visione del morto appeso all'albero senza una scarpa, e poi non si capacitava di come il nonno fosse riuscito a recuperare la sua roncola senza vederlo. "E se invece l'avesse visto?" di nuovo quella domanda che lo tormentava.

Quando giù a valle le campane di Pieve di Livinallongo rintoccarono mezzogiorno, aveva già fatto quattro giri. Lasciò cadere la gerla vicino all'ultimo pezzo di terra da concimare, brandì la forca e cosparse l'areale di letame con attenzione, per non incorrere nei rimproveri del nonno.

Si sedette, tirò il fiato e osservò un'averla maggiore che sul ramo sottile di un *melèster* infilzava una grossa lucertola.

Scendendo verso casa si fermò a fianco del capitello con il crocifisso che stava a metà strada tra l'abitato di Daghè e i prati in quota.

Guardò il Cristo e gli puntò addosso la forca.

"Non mi fai paura, sai?" lo minacciò.

Riprese la discesa, ammirò il Civetta e la prominenza della parete nord. Era convinto che lassù aleggiasse una pace unica, un sentimento di benessere, libero dalle cattiverie degli uomini. Gli tornarono in mente i nomi di Desio, Compagnoni e Lacedelli, gli alpinisti che appena un mese prima avevano conquistato la vetta del K2, nel Karakorum. Gliel'aveva raccontato qualche giorno prima Alfredo, l'arrotino di Pieve, appassionato di arrampicata. Per Giacomo quei nomi rappresentavano un mito, anche se non aveva mai visto le loro facce e ignorava sia la loro provenienza sia la loro destinazione, cioè quella montagna con un nome così strambo. Però Alfredo gli aveva detto che era alta quasi novemila metri ed era la seconda montagna più alta del mondo.

"E la Marmolada quanto è alta?" gli aveva chiesto Giacomo.

"Quasi tremilacinquecento metri."

Giacomo era rimasto a bocca aperta. Allora, aveva pensato, il K2 era così alto che non si riusciva a vederne la cima.

Scendendo il declivio intravide la manciata di case a Daghè.

Affrettò il passo, mentre la gerla puzzolente gli sobbalzava in continuazione sulla schiena e la fame gli faceva vedere viola.

Quando giunse a casa trovò i suoi fratelli davanti all'ingresso. Erano seduti in silenzio sui gradini, stanchi dopo aver passato l'intera mattinata sotto il maso a falciare il *dorch*, il secondo taglio del fieno, quello di fine estate. Titta era il maggiore, aveva sedici anni, era alto e bruno come il fratello di mezzo e non parlava mai, nemmeno per lamentarsi. Celestino di anni ne aveva quindici e al contrario dell'altro parlava molto, e suonava. Gli piaceva l'armonica e aveva anche una voce notevole, tanto che la nonna lo aveva fatto inserire nel coro parrocchiale, giù a Livinallongo.

Se Giacomo era il nipote più bistrattato dai nonni, Celestino era di sicuro il preferito, e quando combinava qualche guaio non finiva mai in castigo, men che meno nella stanza delle mele. Titta invece sapeva cosa doveva fare e lo faceva in silenzio, punto e basta. Giacomo si chiedeva spesso cosa passasse nella testa di suo fratello maggiore: mai una parola, mai un gesto d'affetto, niente di niente. Sembrava che il suo corpo fosse lì, ma i suoi pensieri sempre da un'altra parte.

"Ciao!" disse Giacomo andando verso di loro.

Titta sorrise, Celestino mise in tasca l'armonica e disse: "Perché ieri sera sei finito in castigo?".

"La roncola... Non sono riuscito a trovare dove l'aveva lasciata."

"Ah!"

Titta si alzò e fece loro cenno di seguirlo.

Si avvicinarono alla fontana per lavarsi e avvertirono un tanfo insopportabile che bloccò loro il respiro. Con il mento

Titta indicò il cespuglio di more selvatiche. Celestino andò a sbirciare e tappandosi il naso disse:

"Il secondo *mader* affogato in due giorni. Gli sta bene".

Lasciarono le scarpe sull'uscio ed entrarono in casa. Nonno Angelo era già seduto a capotavola nella *césa da fuoch*, mentre nonna stava riscaldando la minestra nel pentolone di rame. Il tavolo era d'abete rosso, rettangolare, incastonato ad angolo nel muro, sotto un crocifisso ligneo e due rami di ulivo intrecciati.

Il vecchio disse, senza rivolgergli neanche uno sguardo:

"Hai finito con il letame?".

"Sì, nonno," disse Giacomo.

"E il *dorch*?"

Celestino rispose:

"Siamo a metà del lavoro, entro sera terminiamo tutto il prato sotto il maso".

Titta prese una grossa pucia nera dalla dispensa e la consegnò al nonno, lui la spezzò in due parti e le pose sul tavolo.

Si versò un bicchiere di vino rosso e guardò sua moglie intenta a rimescolare la minestra sul fuoco.

"Oggi non si mangia?" gridò.

Frida afferrò con due mani il pesante pentolone e lo piazzò in mezzo alla tavola. Prese un grosso mestolo e cominciò a servire partendo dal capofamiglia, come da tradizione. Quella volta di minestra ce n'era per tutti.

Giacomo stava svenendo dalla fame ma non ebbe coraggio di allungare la mano sul pane. Fu Titta a prenderne un pezzo condividendolo coi suoi fratelli. Giacomo lo ingollò in un boccone.

"Non si mangia prima della preghiera!" sentenziò la nonna. "Prima viene il padrone!" e indicò il crocifisso appeso all'angolo tra i due muri.

Il nonno fissò Giacomo e mimò una sberla, come ammonimento.

"Prima viene Dio," sottolineò il vecchio facendosi il segno della croce.

Recitarono un Pater e poi il nonno assaggiò la minestra. Scese calda giù fino allo stomaco risollevando le sue fatiche.

Giacomo aprì gli occhi e guardò il nonno di soppiatto. Era impossibile che non l'avesse visto, pensò, soprattutto con la luce forte di quel mattino. E se fosse stato lui a uccidere quell'uomo?... No, non mi avrebbe mandato fin lì...

Un brivido gli partì dalle scapole e arrivò alle dita dei piedi. "Davvero non lo avrebbe fatto?"

Cercò di vedere se negli occhi del vecchio e nei suoi gesti vi fossero particolari ombre o atteggiamenti insoliti che ne tradissero la scoperta. Eppure il nonno sembrava uguale al solito: stessi versi con la bocca, stesse frasi sul tempo già sentite milioni di volte, stessa inespressività degli occhi, scuri e infossati nel cranio come i cappelli bruni di due piccole finferle appena spuntate dall'erba.

Quando il vecchio ebbe terminato con soddisfazione la sua abbondante razione di *menestra de orz*, Giacomo prese coraggio e disse:

"Nonno...".

Il vecchio Angelo gli sparò gli occhi in faccia.

"...scusa per la roncola, non l'ho proprio vista. Era buio, c'era il temporale..."

L'uomo bofonchiò, poi si schiarì la voce, che per i ragazzi era sempre un buon segno.

Titta guardò entrambi i fratelli. Giacomo continuò:

"L'ho cercata a lungo. Dov'era, nonno?".

"Chissà dove hai guardato..." mormorò Celestino.

"E lascialo in pace!" intervenne Titta.

Il vecchio si versò da bere senza alcuna fretta, finì il vino con un solo sorso, posò il bicchiere vuoto sul tavolo ed esclamò: "Era dove l'avevo lasciata. Te l'ho già detto stamattina!".

"Nonno, a parte la roncola, il resto era tutto a posto nel... bosco?"

Come mi è uscita questa frase?, si disse Giacomo.

"Cosa vuoi dire?" ribatté il vecchio seccamente.

"Cioè... Dopo un temporale così volevo sapere se era a

posto, insomma se la legna accatastata era ancora in ordine o se per caso erano schiantati degli alberi sotto il vento..."

"Tutto a posto!" disse il nonno distogliendo lo sguardo.

Titta fece cenno a Celestino di passargli la brocca dell'acqua, la nonna si alzò per riempire nuovamente il piatto del marito con dell'altra minestra.

Il vecchio schioccò la lingua come faceva sempre dopo un buon pasto e attese l'arrivo della seconda razione. Quando Frida lo servì, i piccoli occhi di Angelo emanavano una luce misteriosa:

"Per la verità una cosa strana nel *Bosch Negher* l'ho vista...".

Giacomo si immobilizzò. Fissò il nonno, in attesa che finalmente raccontasse dell'uomo appeso alla corda.

"Ho visto... Un *fònk da le móše.*"

Giacomo sospirò e si grattò un orecchio.

Celestino disse: "Il maestro a scuola la chiamava 'amanita muscaria', il fungo delle mosche".

"Che c'è di strano, nonno? Ce ne sono tanti, di quei funghi lì!" ribatté Titta.

Il nonno scolò la terza ombra di vino, quindi sollevò il bicchiere e guardò pensieroso attraverso il vetro opaco e violacco.

"Di strano c'è che era grande. Così grandi io non ne ho mai viste in tutta la mia vita. Sapete cosa si dice di quel *fònk*, vero?"

"Lascia stare, Angelo!" esclamò la nonna, già in piedi per lavare le stoviglie con acqua e cenere.

"Cosa si dice, nonno?" chiese Titta.

Giacomo stava zitto e si mordeva nervosamente le labbra.

Il nonno aggrottò le sopracciglia e il tono della sua voce si fece ancora più austero del solito, quasi profetico.

"Dove c'è quel fungo, lì vicino o si nasconde o è passato... il diavolo!"

Giacomo avvertì il cuore salire fino alla gola e improvvisamente gli scappò la pipì. Il vecchio picchiò con forza il bicchiere sul robusto tavolo e aggiunse:

"E con un fungo così grande, vuol dire che anche il diavolo nascosto lì appresso è tanto grande...".

La nonna si fece il segno della croce.

Giacomo ebbe un sussulto e il cucchiaio gli cadde dalla mano sinistra, finendo sul pavimento.

Titta e Celestino risero, soprattutto per esorcizzare la reazione del nonno, il quale fissò minacciosamente Giacomo e gridò:

"Non solo bastardo, ma anche mancino!".

"Scusa, nonno," mormorò il piccolo abbassandosi per recuperare il cucchiaio da terra.

"Niente scuse!" ribatté il vecchio fissandolo. "A proposito di funghi. La pioggia ha portato bene per i *fònk negher*, stamattina tua nonna ne ha raccolti diversi, di porcini, e oggi pomeriggio tu scenderai con lei in paese per venderli a Cleto, quel tirchio maledetto."

"Sì, nonno!" disse Giacomo.

E mentre lo diceva pensava all'impiccato, al diavolo e a suo nonno fra i due.

6.

Il sole del primo pomeriggio fece presto dimenticare il cielo livido della sera prima.

L'aria era fresca e le cicale non frinivano più sui sorbi e sugli aceri alpini, ora mossi da una brezza di maestrale. Il vento della notte però, insieme alle nubi aveva spazzato via anche l'anima dell'estate e a Daghè i Nef, i Moroder e gli Stufles sapevano che quello era stato il temporale di cesura tra una stagione e l'altra.

Camminando lungo la strada bianca che portava giù a Livinallongo, la nonna disse a Giacomo:

"Dobbiamo fare presto".

Giacomo la guardò e con una punta di sarcasmo le rispose:

"Bisogna sempre fare presto, sempre fare presto!".

Lei gli lanciò un'occhiataccia e continuò:

"Sei ancora piccolo e certe cose non le puoi capire, ma un giorno imparerai che il sole mangia le ore e ti mette da parte *nia*, neanche un minuto!".

"Non capisco mai niente io, vero?"

"Non rispondere!"

Giacomo strappò con rabbia dei fiori di iperico dal ciglio della strada e poi bofonchiò:

"Il sole mangia tutte le ore e bisogna sempre correre... Ma a cosa ti serve il giorno se non ti fermi mai a guardare la luce?".

La donna lo osservò attonita.

Ognuno tornò a chiudersi nei propri pensieri. Scendendo a valle, lei recitava il rosario sottovoce, facendo vibrare appena le labbra in una serie di ripetuti movimenti tremuli, lui ripensava spaventato all'impiccato e alle parole del nonno sul diavolo.

Per la prima volta dopo mesi era tornato a indossare una giacchetta di fustagno e in testa aveva messo il suo *dreispitz* di feltro verde scuro, mentre la nonna vestiva un maglioncino di lana cotta e il suo viso si scorgeva appena sotto il solito fazzolettone nero e floreale. Sulla schiena ricurva portava una gerla colma di funghi porcini mentre il nipote teneva un cesto carico di finferli gialli come l'estate.

I Nef, come tutti i fodòmi e in generale i montanari delle valli sellane, di rado mangiavano funghi, ne diffidavano, preferendogli di gran lunga le erbe e le piante selvatiche, dalle quali da secoli estraevano medicamenti portentosi. I pochi turisti che passavano da quelle vallate dolomitiche, al contrario, ne erano ghiotti ed erano disposti a pagarli bene pur di accaparrarseli. C'erano addirittura ristoratori che una volta alla settimana salivano dalle pianure pur di poterli servire ai clienti delle proprie trattorie cittadine. Così erano parecchie le famiglie ladine di Livinallongo che riuscivano a guadagnare qualche soldo procurando porcini e finferli a Cleto, il quale poi li smerciava nel suo piccolo magazzino alimentare.

Quando Giacomo e sua nonna arrivarono nella piazza del paese i bambini stavano giocando a *sciscuré* intorno alla grande fontana di pietra. Ognuno aveva una biglia in mano e stavano facendo la conta per decidere chi dovesse essere il primo a scoccarla con il dito medio verso la buca prestabilita. Si salutarono con un cenno. Giacomo li conosceva tutti, e sapeva che presto li avrebbe ritrovati sui banchi di scuola. C'erano Albertino, Maria, Isidoro, Giuseppe, Lucia, Umberto, Carlo, Isabella, e soprattutto Teresa. Gli occhi della bambina si incantarono a fissare Giacomo e tutti gli altri cominciarono a prenderla in giro.

"Prima si va in chiesa e poi mi accompagni da Cleto," sentenziò la nonna. "Solo dopo puoi fermarti a salutarli."

Attraversarono la piazza e il sagrato della chiesa tra gli schiamazzi dei ragazzini, varcarono il portone d'ingresso, posarono la gerla e il cesto con i funghi, si genuflessero e si fecero il segno della croce con l'acqua santa. Giacomo si tolse il cappello. Un intenso odore di incenso, mirra e olio di canfora gli penetrò le narici con prepotenza. La nonna indicò al nipote prima il crocifisso sull'altare maggiore e poi la pala di san Giacomo.

"Se sei al mondo lo devi al primo e se porti quel nome lo devi al secondo. Ricordatelo sempre!" bisbigliò.

Il ragazzino abbassò gli occhi e si guardò le punte consumate delle scarpe che si muovevano nervosamente sulle mattonelle lucide del pavimento.

Da quando mamma era morta aveva sentito quella frase milioni di volte. E ogni volta lui si sentiva umiliato e contrito, come se i suoi genitori non fossero mai esistiti e lui fosse stato generato da una croce di legno e da una statua con la barba. Era colpa sua la morte di mamma e papà?

La nonna si inginocchiò sotto l'altare della Madonna. Giacomo rimase accanto a lei, fissava le sculture lignee, ma si stancò presto: avevano tutte la stessa espressione, lui non avrebbe mai lavorato il legno con così poca immaginazione e fantasia. Mentre pensava a tutta quella materia sprecata, dalla porticina della sagrestia uscì lentamente don Floriano. Indossava la solita tunica lunga e nera con mille bottoni. Era alto e magro, senz'altro l'uomo più alto e più magro tra tutti i fodòmi. Aveva il naso aquilino, il volto smunto ed era pallido come la neve dell'alba. Portava occhiali con piccole lenti rotonde che lo facevano sembrare lo spettro di un barbagianni.

"Sia lodato Gesù Cristo!" disse fermandosi solennemente davanti a loro come se la sua presenza in quel luogo fosse più importante di quella del Cristo.

"Sempre sia lodato!" rispose Frida interrompendo la sua preghiera.

"E tu, non saluti?" chiese il prete a Giacomo.

La pelle liscia del suo volto emanava il forte odore del dopobarba tedesco che una volta, da quelle parti, usavano tutti.

La nonna si voltò verso il nipote con uno sguardo di rimprovero.

Giacomo abbassò gli occhi.

"Sempre sia lodato..."

"Fa bene a castigarti, tuo nonno. Ci vuole rispetto, ecco cosa ci vuole!" disse il prete.

"Lo perdoni, don Floriano," sussurrò la nonna stringendo il nodo del fazzoletto che le copriva i capelli.

Il parroco si rivolse ancora a Giacomo:

"Tra due settimane ricomincia il catechismo, la dottrina cristiana, te lo ricordi?".

"Sì, don Floriano."

"Vediamo se sarai puntuale, ché altrimenti il Signore ti punisce, lo sai?"

Giacomo alzò gli occhi verso il crocifisso e si immaginò il corpo sanguinante di Gesù che si contorceva e poi scendeva minaccioso dalla croce verso di lui.

"Lo so, padre."

"E allora vedi di rigare dritto, vero Frida?" aggiunse volgendo lo sguardo alla donna.

"Ha ragione, ha ragione."

Poi il prete alzò il naso e notò, in fondo alla chiesa, la gerla e la cesta ricolme di funghi.

"Che garbato atto di gentilezza, Frida..." e sorrise.

Era raro vederlo sorridere, e quando accadeva il suo volto si allungava ancora di più, la bocca una ferita senza labbra. Era l'immagine della menzogna.

"Che bontà di Dio mi avete portato in dono!"

Giacomo strinse i pugni sotto il banco, mentre il parroco si dirigeva con ampi passi verso i funghi. Li esaminò, afferrò un grande porcino e prima che dicesse qualcosa, Frida intervenne decisa:

"Li devo vendere a Cleto, però certamente un paio di *fònk negher* glieli possiamo dare... li ho raccolti io stessa stamattina".

Il prete la fissò negli occhi.

"Non è bene che una donna vada per boschi da sola,

nemmeno se è vecchia come lei. Non si sa mai che incontri si possono fare..."

L'immagine dell'impiccato tornò davanti agli occhi di Giacomo all'improvviso, come lo schianto di un larice sotto il carico di una nevicata pesante.

"E comunque... grazie. Dio saprà ripagare la sua generosità," e così dicendo raccolse dalla gerla i tre funghi più grandi e più belli. La vecchia si alzò a fatica e Giacomo la seguì.

"Ora devo andare da Cleto, don Floriano," disse. "Ho promesso a mio marito di rientrare presto."

Lui spostò lo sguardo sul giovane.

"Posso stare un attimo solo con suo nipote? Ho delle cose da chiedergli..." sibilò.

Giacomo ebbe un sussulto e sperò che la nonna non gli accordasse il permesso. Rimanere da solo col prete era ogni volta imbarazzante per via delle domande sempre così insistenti. Nella mente gli balenò di nuovo l'immagine del morto appeso all'albero nel Bosco Nero e temette che il prete fosse venuto a scoprire il suo segreto.

"Certo, padre," disse lei.

Poi si rivolse al nipote dicendogli:

"Tra cinque minuti ti aspetto da Cleto, va bene?" e dicendo queste parole infilò la pesante gerla sulle spalle, si fece il segno della croce e uscì.

"Bene!" cominciò don Floriano, "Come stai, ragazzino? C'è qualcosa che non so e che devo sapere?"

A don Floriano non avrebbe mai e poi mai rivelato il suo segreto.

"È da più di tre settimane che non ti confessi... Come mai?"

Giacomo si sentì come una lepre braccata.

"Ultimamente ho avuto tanto da fare. Mio nonno mi fa lavorare nei campi, nell'orto e nella stalla."

"E fa bene! Il lavoro e la disciplina irrobustiscono lo spirito. Ma dimmi un po'... fai mai pensieri strani sul tuo corpo o... sul corpo degli altri?"

Giacomo tacque e si grattò la testa.

"Sai bene che ciò che dici a me è un segreto confessionale, no? Puoi dirmi tutto e nessuno lo saprà mai, ragazzo. Insomma, ti tocchi? Lo sai che è peccato, vero? Però Dio ti perdonerà per mezzo della mia personale e santa assoluzione... dimmi tutto, figliolo..." e chiuse gli occhi in attesa che Giacomo iniziasse a parlare.

Con il suo naso appuntito si avvicinò al volto di Giacomo. L'odore di dopobarba misto a naftalina di cui era impregnata la lunga tonaca del prete era nauseabondo.

Giacomo guardò il crocifisso appeso sopra l'altare e si sentì di odiarlo, poi si alzò di scatto, corse al portone, brandì il cesto coi funghi e, lasciando il prete sbalordito, esclamò:

"Devo andare, mi scappa la pipì!".

E uscì dalla chiesa.

7.

Il maestrale che soffiò sul suo viso aveva il sapore della libertà.

Con due respiri profondi si riempì i polmoni di quell'aria secca e fredda che proveniva da nord-ovest, oltre le cime del Padon e della Marmolada. Giacomo attraversò il sagrato più veloce che poté, si infilò nei vicoli oltre la piazza del Comune e risalì la breve ma ripida salita fino alla bottega di Cleto Senoner.

Quando vi entrò si accorse di avere il fiatone. La vista della nonna lo rincuorò.

"Sei già qui? Cosa voleva don Floriano?"

"Niente!"

La nonna non attese altre parole, sapeva che il nipote non amava parlare del parroco, né del catechismo, così riprese a curiosare tra i sacchi di granaglie mentre il vecchio Cleto, che indossava il grembiule blu tirolese e portava lunghi baffi rossi alla Franz Joseph, lo salutò sbrigativamente con un cenno della testa, poi gli disse:

"Quest'autunno tuo nonno ti porterà a caccia insieme a noi? Finché non prenderai un cervo o un camoscio rimarrai sempre un *möt*," e rise da solo. Un bambinello, pensò Giacomo, forse da ieri sera non lo sono più.

Il muro dietro il bancone era tappezzato di trofei di caccia e teste imbalsamate di ogni animale del bosco e della montagna. C'erano perfino un picchio nero, una lince e un gallo forcello.

Sul bancone erano già stesi i porcini della nonna e Giacomo si preparò a posare anche i suoi finferli.

"Fermo lì!" gridò Cleto. "Prima li devo pesare."

L'uomo prese il cesto, che sapeva già quanto faceva di tara, e lo mise su una vecchia bilancia. Aggiunse pesi e contrappesi, ne mise uno più piccolo, poi uno più grande, ne levò un altro finché il carico della merce gli fu chiaro.

"Due chilogrammi e venti!" sentenziò lisciandosi il lungo e morbido baffo, poi tirò fuori una bottiglietta di metallo da una tasca del grembiule e ingollò tre sorsate.

"Con il cambio di stagione le ossa schioccano e allora non c'è niente di meglio di questo conforto! A proposito, ragazzino..." continuò sottovoce avvicinandosi a lui attento a non farsi sentire dalla vecchia, "...mi sa che è ora che tu vada a cercarne altri... Lo sai che i funghi da bere te li pago bene, no?" e gli fece l'occhiolino.

Giacomo annuì e fece due passi indietro, mentre qualche metro più in là Frida faceva i conti per barattare merce e alimenti in cambio dei funghi.

"Nonna, adesso posso andare a salutare i miei amici alla fontana?" le chiese a bruciapelo Giacomo.

"Cosa?"

Ultimamente la donna si era fatta sempre più sorda.

"Posso andare a salutare i miei compagni di scuola, giù alla fontana?" ripeté a voce più alta.

"Vai pure, ma bada che tra poco scendo e ripartiamo insieme."

"Sì, nonna!"

Non fece in tempo a dirlo che era già scattato fuori con l'agilità di una *schirata*, lo scoiattolo rosso che popolava i boschi di Fodòm. Frida scostò una tenda dalla finestra della bottega e lo seguì con lo sguardo.

Alla grande fontana lo accolsero chiassosi.

Isidoro gli diede una pacca sulle spalle e gli disse:

"Nef, quante bastonate ti ha tirato oggi il vecchio di Daghè?".

"Fatti gli affari tuoi!" e si diresse verso Umberto.

"Ieri ho visto un *löf*, sai Nef?" esclamò quello.

"E dove, se di lupi non ce ne sono più?" chiese Giacomo mentre poco più in là Teresa, Maria, Isabella e Lucia parlavano animatamente sedute sul bordo della fontana.

Umberto rispose che l'aveva visto con suo papà sul Pralongià, vicino all'abitato di Contrin, ma Giacomo lo ascoltava sì e no perché le sue attenzioni si erano spostate su Teresa.

Anche lei lo vide e arrossì, nascondendosi dietro le amiche.

"Nef, mi ascolti?" gli disse Umberto. Carlo intanto stava per conto suo, intento a risistemare l'elastico della potente fionda che si era costruito per tirare agli uccelli. In mattinata ne aveva già presi nove: due zigoli, tre averle, un codirosso, una rondine e due fringuelli. Poi suo padre li avrebbe imbalsamati e venduti al mercato del sabato a Corvara, in Alta Val Badia. I villeggianti italiani ne compravano a iosa, di uccelletti impagliati.

Attento che gli altri non se ne accorgessero, Giacomo allungò il collo per guardare oltre Umberto e il suo vocione, oltre Carlo e la sua fionda, al di là di quel cretino di Isidoro, oltre Maria, Isabella e Lucia. Quinta di sette, figlia del sarto di Livinallongo, Teresa Pedraces portava lunghi capelli neri, spesso legati in una treccia, e quando nei giorni di festa indossava l'abito tradizionale in *mèzalana* con la camicia, la gonna di panno, il busto, il grembiule, le calze e il fazzoletto dai colori vivaci, agli occhi di Giacomo diventava una principessa, la più bella del mondo.

"Mi ascolti?" gli ripeté Umberto, spalleggiato da Giuseppe il quale voleva sapere tutto sul *löf*.

Piano piano le ragazzine si avvicinarono ai maschi, attratte dalla storia dell'avvistamento del lupo.

In breve tutti i presenti si disposero naturalmente intorno a Giacomo e Umberto, compresi Isidoro e Albertino, che per una volta lasciarono perdere le prese in giro.

"Io ve lo dico, ma non dovrete rivelarlo a nessuno, d'accordo? Sarà un nostro segreto, i grandi non lo dovranno sapere."

"Promesso. Avanti, diccelo!" lo incalzò Lucia.

"Lo promettete tutti?"

"Sì," risposero le ragazzine.

Gli altri annuirono.

Umberto raccontò di essersi recato sulla montagna di Corte e Contrin per sistemare il *dorch* dei pascoli in un piccolo tabià di famiglia e dai boschi di Cherz era spuntato quell'enorme lupo.

"Sicuramente qualche lupo è sopravvissuto al piombo e si nasconde bene. Era grandissimo, mi ha mostrato i denti e ha ringhiato."

"Eri da solo?" chiese Albertino.

"Con mio fratello, ma lui non l'ha mica visto..."

"Eh, capirai! Allora non ci credo!" disse Isidoro.

Le ragazzine invece gli credettero e cominciarono a fare smorfie di paura.

Teresa ascoltava e continuava a guardare Giacomo di soppiatto. I suoi occhi erano dolci e malinconici come un tramonto novembrino, tirava sempre su con il naso anche se non era raffreddata e le sue mani erano bianche e magre.

Le parole evaporarono e per qualche istante rimasero tutti quanti in silenzio, mentre si figuravano il lupo, per ciascuno un'immagine diversa. Allora Giacomo trovò il coraggio di dire ciò che non riusciva più a trattenere.

"Questo è niente rispetto al mio segreto!"

Gli occhi furono suoi.

"Quale segreto?" disse Teresa, facendosi avanti.

Lui la guardò timido e si morse il labbro superiore, poi alzò la testa verso il massiccio del Sella.

"Io ve lo dico, però dovete promettermi che non lo dite a nessuno..."

Tutti annuirono e fecero il segno della croce.

"Promesso!" esclamarono uno alla volta, a mano a mano che Giacomo li indicava.

"A nessuno-nessuno-nessuno!" aggiunse minaccioso. "Neanche ai vostri genitori o ai vostri fratelli."

"Prometto e giuro su Dio, la Madonna e tutti i santi," disse Umberto. E così ripeterono a turno.

Lui sentì il cuore battergli forte e la paura tornò a farsi

viva nel petto. Le sue mani cominciarono a sudare. Fece un passo indietro, forse era ancora in tempo per ritrattare.

"Allora, ce lo dici?" disse Albertino.

"Ho trovato un morto nel bosco!"

Lo disse tutto in un colpo, velocemente, come quando si conta fino a tre e ci si tuffa decisi nel torrente, perché se si attende troppo poi il coraggio se ne va via e finisce che non ci si butta più.

Gli altri rimasero a bocca aperta.

"Un morto nel bosco?" disse Isidoro. "E chi è?"

"Sssst! Parla piano!" gli intimò Giacomo. "Non so chi è, non sono riuscito a vederlo in faccia. È un impiccato!"

Impallidirono.

"Non ci credo!" disse Isidoro. "Non è possibile, e dove sarebbe?"

"È vero e basta! L'ho visto nel *Bosch Negher*, tra Daghè e il castello di Andraz, dopo il *Triòl dei Mòrc.*"

Il volto inorridito di Giacomo parlava della sua serietà e tutti sapevano che lui, al contrario di altri, non era solito raccontare bugie.

"E quando l'hai trovato?" chiese Maria.

"Ieri verso sera, durante il temporale. Ero salito fin lì per recuperare la roncola che il nonno aveva dimenticato al mattino..."

"Ma sei sicuro? Magari nel buio uno pensa di vedere una cosa, invece..." disse Umberto.

"L'ho visto bene con questi occhi. Lo giuro."

"E cos'hai fatto?" disse Teresa.

"Sono scappato a casa come un camoscio, giù dritto fino a Daghè. Ho preso uno spavento..."

"L'hai detto al vecchio?"

"Come no, ma figurati! L'ho detto solo a voi e voi non lo direte a nessuno, me l'avete promesso e giurato davanti a Dio e alla Madonna e a tutti i santi. Perciò se lo dite a qualcuno fate peccato mortale."

Fecero cenno di sì, i volti sconvolti. Non avevano mai

sentito né vissuto una cosa del genere. Teresa si teneva la testa tra le mani. Erano impauriti come conigli.

"Io delle leggende ho sempre molta paura..." sospirò Lucia.

Poi si udì la voce della vecchia Nef dall'altra parte della piazza.

Stava chiacchierando con altre due donne e facevano ampi gesti verso il cielo, forse per dirsi che la stagione aveva girato e l'estate era finita.

"Giacomo! Dai, andiamo!" gridò poi verso la fontana coi bambini.

"'Rivo!" gridò il nipote, che poi si rivolse un'ultima volta verso i suoi compagni.

"Muti come trote!" e allungò una mano in mezzo al gruppo.

Tutti allungarono la loro per posarla sulla sua e suggellare la promessa.

Giacomo guardò ancora Teresa e corse via.

La nonna si caricò la gerla sulle spalle, piena di prodotti barattati al posto dei funghi e riconsegnò a Giacomo il suo cesto.

Risalirono per la strada bianca che conduceva a Daghè. Per via non si dissero niente, la nonna ricominciò a pregare da sola e Giacomo si diceva di aver fatto bene, si sentiva alleggerito di un peso insostenibile, era come se l'aria si fosse fatta più profonda e il cielo più blu.

Si disse che a volte basta poco, nella vita, per stare meglio. Soprattutto in una vita come la sua. Capitava spesso che si sentisse solo come una pigna di abete rosso: in balìa del vento e degli scoiattoli.

Quando finalmente videro l'abitato di Daghè da lontano, Giacomo deglutì e avvertì una stretta alla bocca dello stomaco. Sul sentiero davanti a sé, pochi metri più avanti, scorse una pigna. Prese la rincorsa e, con tutta la forza che aveva, le sferrò un calcio facendola volare fino al bosco di abeti bianchi sotto di loro.

8.

Il nonno ispezionò la gerla e il cesto: farina, zucchero, sale, fiammiferi, semi di papavero, delle prugne, tre matasse di lana nera e una manciata di tabacco trinciato.

Il vecchio reagì indispettito come sempre.

"Quel tirchio maledetto ti ha fregata un'altra volta, eh?" bofonchiò.

"A me sembra bene, Angelo. Di queste cose avevamo bisogno..." provò a dire timidamente Frida.

"Va là, va là!" chiuse sbrigativamente il discorso e si accese una sigaretta.

Anche Titta e Celestino ne accesero una più o meno in quel momento, ma di nascosto e lontani dagli occhi dei familiari, che se l'avessero scoperto i nonni sarebbero state bastonate sulla schiena. I due fratelli si erano messi dietro il fienile, dove si rifugiavano sempre per fumare clandestinamente. Il posto non era casuale: da lì si poteva controllare ogni movimento in casa Nef, vedere tutto senza essere visti. Per istinto e con astuzia avevano trovato il posto perfetto, proprio come fa il cane che d'estate si accuccia nel punto più fresco della casa.

Il nonno continuò a bofonchiare con la sigaretta ben stretta tra le labbra dritte e sottili. Quando fumava non la teneva mai in mano ma costantemente in bocca, da quando la accendeva a quando la sputava. Si tolse di dosso il grembiule blu, infilò la giacca di lana cotta, ficcò in testa il suo cappello *pilger* tirolese e senza salutare uscì di casa contrariato per scendere all'osteria giù in paese.

La nonna sistemò le provviste che Cleto le aveva dato e poi iniziò a lavorare a maglia in attesa di pelare le patate per la cena.

Giacomo andò fuori per lavarsi il viso alla fontana. Il fetore delle due faine in putrescenza dietro i rovi si era fatto insopportabile, e per fortuna il gran caldo dei giorni precedenti era un lontano ricordo, altrimenti non si sarebbe nemmeno riusciti ad avvicinarsi all'acqua. Il nonno intendeva lasciarle lì per qualche giorno, a pochi passi dal pollaio come monito per gli altri *mader*. Intanto in mattinata aveva convinto i vicini Moroder a vendergli delle uova. Le aveva comprate a buon prezzo, ma lui si era lamentato come sempre. Il ragazzino unì i palmi delle mani e portò l'acqua al viso. Lo fece ripetutamente, gli piaceva quel freddo sulla pelle, sulle guance. Non esisteva al mondo acqua più buona di quella. Il sole stava scendendo sul profilo tozzo del Sella e in alto, sopra l'abitato di Daghè, alcune cornacchie in volo gracchiavano furiosamente. Cercavano di aggredire una poiana.

Tanti contro uno, pensò. Sarà vero che l'unione fa la forza, ma è roba da vigliacchi!

Gli passò per la testa l'immagine dell'impiccato. Si chiese per l'ennesima volta se l'avesse visto davvero o se si fosse trattato di un'allucinazione. Mani aperte sotto il getto della fonte: altra acqua fredda sul viso. Si disse che l'aveva visto eccome, quello lì, penzolante nel bosco come una preda dell'averla maggiore. Si domandò se avesse fatto bene a parlarne coi suoi coscritti. Mani aperte: altra acqua fredda sul viso. Si disse che aveva fatto bene. Prima si sentiva maledettamente solo e ora stava meglio. Guardò il ghiacciaio della Marmolada, rosa sotto il tramonto incipiente, poi si voltò a sinistra, verso il Civetta. Il cielo, chiaro e pulito, sembrava già autunnale. Si asciugò il volto con la lunga manica del *sarner jangger* e si diresse verso casa.

Lasciò i suoi scarponi fuori ed entrò scalzo per non far rumore. Rubò un fiammifero da un cassetto della madia ladina in ingresso. Attraversò l'androne con i vecchi e spessi muri di pietra che odoravano di fumo e fuliggine e salì le cigolanti scale di legno, attento a non far troppo rumore. Giunse al piano superiore, con il fiammifero accese una lampada a petrolio poggiata a terra e si mosse lentamente nello stretto ballatoio lasciandosi alle spalle tre porte a destra e tre a sinistra. Avanzò e si portò davanti a un vecchio portone di legno con mille ghirigori tirolesi dipinti a mano. In alto, sullo stipite, il cristogramma IHS e la data: 1837. La solita emozione gli fece sudare le mani, piccole ma già indurite e callose. Afferrò la maniglia e la aprì lentamente, come se fosse sempre la prima volta, come se si aspettasse di trovarvi dentro qualcuno. Entrò nella camera da letto dei suoi genitori. L'odore era sempre lo stesso, una mescolanza di fragranze che per lui erano il profumo della mamma: cirmolo, bucato steso al vento, latte appena munto, miele di bosco e mugo fiorito. Gli venne da piangere, ma dai suoi occhi non scese nemmeno una lacrima. Giacomo non piangeva mai, non gridava mai, quasi mai rideva.

Posò una mano sul letto matrimoniale, sopra il quale era distesa e ben piegata una coperta di lana. Tutto quell'ordine sembrava fosse disposto per preparare il ritorno imminente di mamma e papà.

Chissà dove sono adesso..., pensò.

Fece qualche passo verso la cassapanca di fronte al letto, avvicinò la lampada ad alcuni oggetti che vi stavano riposti sopra. Vide la foto, il vero motivo delle sue frequenti visite alla stanza.

Posò la luce e prese in mano la cornice con la foto ingiallita. Lì erano giovani, i suoi genitori. Giovani e sorridenti, appoggiati a uno steccato di legno sopra il passo di Valparola con la sagoma delle Conturines alle loro spalle. Il papà indossava una giacca di fustagno scura e un paio di pantaloni larghi, la mamma il vestito tradizionale fodòmo ma senza fazzoletto. Lui aveva i capelli pettinati all'indietro e un baffetto corto e sottile sopra le labbra, lei i capelli rossi lunghi e mossi, efelidi sugli zigomi e uno sguardo pieno di allegria, come se il loro futuro fosse scritto sulla pietra illuminata dall'enrosadira. Con un braccio il papà teneva stretti vicino a sé due bambini molto piccoli: Titta e Celestino.

"Io non c'ero ancora..." disse piano Giacomo. Ripeteva ogni volta la stessa frase, come un rito.

Come per incanto, gli sembrò di sentire sulla testa e sulle guance le vive carezze della mamma. Da quando era morta, tutto era cambiato intorno a lui. Ogni cosa, ogni parola, ogni gesto, ogni profumo e ogni sapore, ogni cielo, ogni incubo, ogni ora del giorno, ogni sole e ogni luna. Gli mancava come l'aria. Senza la sua presenza si sentiva come un aquilotto senza becco né artigli.

Sospirò e con una mano scostò i capelli dagli occhi. Posò la foto al suo posto, riprese la lampada e, lento come era entrato, uscì dalla stanza richiudendo bene la porta alle sue spalle.

Spense il lume, scese le scale e si sedette sui gradini dell'ingresso. I suoi fratelli stavano rientrando, erano allegri e ridevano scambiandosi pacche sulle spalle.

"Giacomino, com'è andata giù al paese?" disse Titta salutandolo.

"Benone, anche se il nonno non è mai contento..."

"Ancora non lo conosci?" ribatté Celestino.

"Segui le sue regole e vivrai tranquillo!" aggiunse il maggiore. "Non ci sono alternative, fratellino. Indietro non si torna."

Giacomo lo guardò, poi guardò anche l'altro.

"Lo so..." disse. "È che..."

"È che hai sempre la testa tra le nuvole e qualche volta le bastonate te le meriti! Sei sempre distratto. Il tuo corpo è qui e i tuoi pensieri in Val di Fassa. Svegliati!"

Celestino rise e diede di gomito a Titta, Giacomo non rispose nemmeno.

Entrarono in casa tutti assieme e aiutarono la nonna a pelare le patate. Aspettarono invano il nonno per cena poiché lui tornò ubriaco che era già buio, e così mangiarono solo del pane, del formaggio e qualche listarella di speck. Il vecchio urlò contro tutto e tutti, ce l'aveva col mondo intero, con la guerra e coi fascisti, per non parlare dei nazisti. Quando beveva tornavano a fargli visita i ricordi di quei giorni maledetti. Allora diventava violento e poi si buttava a terra a piangere, inerme come una *teta vàcia*, una di quelle lumache che escono all'imbrunire, finché si addormentava e i nipoti lo sollevavano per stenderlo a letto. Al mattino seguente non ricordava più nulla e ricominciava a vivere con la stessa prepotenza che lo contraddistingueva. Tra i Nef c'erano due sole regole: lui comandava e gli altri quattro eseguivano.

Anche quella sera il vecchio si buttò a terra, pianse e cadde nel sonno. Titta e Celestino lo raccolsero come si soccorre un uccello caduto dal nido e lo portarono a letto così com'era vestito.

Poi si coricarono anche loro, accesero una lampada a petrolio, e Celestino provò a scherzare, anche se Giacomo non aveva proprio nessuna voglia di ridere.

9.

Titta e Celestino si addormentarono subito, Giacomo proprio non ci riuscì.

Era esausto, la schiena gli doleva in qualunque posizione e sentiva i piedi gonfi come il ventre di una vacca gravida, eppure non riusciva a chiudere occhio. Al buio della camera fredda, si girava e si rigirava sul letto, ribaltava il cuscino di piume ma niente, non riusciva a liberarsi di quelle immagini: il volto pallido e spigoloso di don Floriano che si avvicinava alla sua bocca, gli occhi inespressivi del nonno, la sua voce nasale che gli parlava del diavolo e lo chiamava "bastardo" e "mancino" e poi... i *mader*. Vedeva decine di spettri di faine morte affogate, li vedeva saltargli addosso, graffiarlo e morderlo a sangue con i loro denti aguzzi e affilati. Ma soprattutto tornava il pensiero dell'impiccato sconosciuto. Senza uno scarpone, con il collo allungato e la testa inclinata da un lato.

Giacomo sudava e si passava le mani tra i capelli, si metteva pancia all'ingiù, quindi su un fianco e poi sull'altro. Non riusciva a scacciarlo.

Pochi minuti dopo, una flebile luce e il cigolio della porta immobilizzarono Giacomo.

"No-nonna..." balbettò. "Sei tu?"

"Sono io. Perché non dormi?" disse la vecchia rimanendo in piedi.

Giacomo fissò il volto della nonna sopra la luce della candela. Sembrava ancora più vecchio, le rughe sul suo viso erano come i profondi canyon e i cadini della valle del Mis e le sue mani vecchi rami di sorbo. I suoi occhi emanavano raramente tenerezza, sembravano sempre disillusi come i boschi dopo l'autunno e prima dell'inverno: senza luce e senza colore. Per la notte aveva tolto dalla testa il suo immancabile fazzoletto nero e i capelli erano tutti bianchi e crespi, raccolti in una cipollotta sulla nuca. Aveva le labbra secche e screpolate dal vento che aveva soffiato tutto il giorno asciugando campi, montagne e montanari.

Giacomo trovò il coraggio di dire una cosa che non le aveva mai chiesto.

"Nonna, puoi stare un pochino con me?"

Lei tacque e rimase qualche istante interdetta, poi prese una sedia lì vicino, la portò appresso il letto e vi si sedette. Giacomo sentì il cuore sciogliersi. Si domandò perché non gliel'avesse mai chiesto prima.

"Cosa c'è che non va?" chiese lei con la voce bassa per non svegliare gli altri due.

D'un fiato, lui bisbigliò:

"Mi manca la mamma, sai? E mi manca tanto anche la sua *linzer torte*".

Lei portò la fiammella vicino al viso del nipote e vide che i suoi occhi erano lucidi e tremuli.

"Anche a me è mancata tanto la mia, ma la vita è questa cosa qui, Giacomo. Devi farti forza... *Se sa ulà ke se nas ma no se sa ulà ke se muor...* Si sa dove si nasce ma non si sa dove si muore."

Giacomo sentì un groppo in gola.

"La tua mamma e il tuo papà sono in cielo con Dio, la Madonna e tutti i santi, e da lassù ti vedono e ti guidano," continuò.

La fiammella della candela oscillava a destra e a sinistra liberando verso l'alto un filo di fumo grigio che partiva dritto e poi si attorcigliava in mille contorsioni.

"Nonna, perché il nonno mi odia?"

Lei sospirò, poi sussurrò:

"Qualunque cosa lui faccia, la fa per il tuo bene. Il nonno ha sempre ragione, ricordatelo!".

"Nonna, ma il diavolo esiste?" A lei poteva chiederlo.

La nonna sobbalzò sulla sedia.

"Giacomo! Non ci devi pensare perché *kan ke se deskor del diaol, el rua*, quando si parla del diavolo, lui arriva!"

Giacomo tremò e si tirò la coperta fino agli occhi.

"Ci sono cose che noi non possiamo sapere, non possiamo conoscere, solo Dio può farlo," disse la nonna facendosi il segno della croce e segnando allo stesso modo la fronte del nipote. "Il maligno può nascondersi ovunque... Nella mia vita ne ho sentite tante su di lui. Dalla leggenda di *Spina de Mul* ai *lichter*, e poi le *vìdole*, *la skòla* e tante altre storie..."

La fiammella della candela si agitò come se fosse combattuta dai quattro venti.

"Dimmi, nonna, raccontami qualcosa, io non ho mica paura, sai?" disse Giacomo stringendo le mani sulla coperta. "*Spina de Mul* lo conosco, ne ha parlato anche la maestra Luigia a scuola. È un mago nero della leggenda dei Fanes che vive sui Lastoi de Formin, vero?"

Lei annuì e disse:

"Un tremendo stregone che la notte vaga su queste montagne in groppa a un asino metà scheletro e metà putrefatto. Noi ladini ne sentiamo parlare fin dalla notte dei tempi e sappiamo riconoscere l'eco dei suoi terribili latrati...".

"È quello che ha detto la maestra Luigia!"

"Per forza! È la verità," tacque un istante, poi continuò ancor più sottovoce: "Tra i nemici del popolo di Fanes c'era proprio *Spina de Mul*, una forza maligna con enormi poteri che lo facevano vincere contro ogni avversario, tranne uno: il giovane cavaliere del popolo dei Duranni chiamato *Ey de Net*. Lui custodiva sotto il mantello la *rajéta*, una pietra magica che un tempo apparteneva proprio a *Spina de Mul*. Questa pietra era in grado di rischiarare anche le tenebre più oscure..."

"E come ha fatto *Ey de Net* a prendergli la *rajéta*?"

"È andata così. Al confine del paese dei Fanes, sul far della notte giunse dal lontano paese dei Duranni un ragazzo che voleva diventare un guerriero. Poco lontano uno scudiero fu assalito da *Spina de Mul*, che non poteva essere colpito con le armi. Il ragazzo duranno attaccò lo stregone nell'oscurità a colpi di pietra e riuscì ad abbatterlo. Allora il mago gli assegnò il nome *Ey de Net*, occhio della notte, e poi fuggì ragliando. Il giovane guardò per terra e trovò la *rajéta* che il mago aveva perso nel combattimento. Fine, adesso bisogna dormire!"

"Nonna, tu hai paura di *Spina de Mul*?" chiese Giacomo.

"No, perché recito il rosario ogni giorno e così la Madonna mi protegge, piccolo."

"E delle altre cose hai paura?"

"Quali?"

"Quelle che dicevi prima, le *vìdole*, i *lichter*, la *skòla*... Cosa sono?"

"Te l'ho detto tante volte... Le *vìdole* sono delle musiche dolcissime che talvolta si possono udire nei boschi."

"E chi le suona?"

"Il maligno, lo sai. Esse preannunciano la morte dei bambini!"

Giacomo tremò.

"Invece la *skòla*," continuò la vecchia, "è la processione dei morti viventi che più di qualcuno ha visto sul *Triòl dei Mòrc.*"

Sapeva infatti del sentiero dei defunti, ma non della *skòla*.

"E i *lichter*?" chiese con la voce strozzata.

"Ah!" esclamò la nonna facendosi ancora più vicina a lui e accarezzandogli la testa in un insolito gesto d'affetto. "Quello delle luci e dei fuochi fatui è il mistero più grande!"

"Cosa sono?"

"Nessuno lo sa. Luci o fiammelle azzurre che compaiono nei boschi o sui prati e spesso si muovono in fila per poi dissolversi. C'è chi ha voluto seguirle ed è scomparso per sempre senza lasciare traccia di sé. Esistono da sempre e noi ladini le conosciamo bene. C'è chi dice siano *les püres ani-*

mes, le anime del purgatorio, chi delle streghe, altri ancora sono convinti che le luci vaganti siano spiriti che annunciano disgrazie... Meglio non pensarci!"

"Tu le hai mai viste?"

"Me le mostrò mia madre. Ero ancora piccola ma lo ricordo bene. Stavamo nel nostro maso a Cernadoi e tre giorni dopo una valanga distrusse il nostro fienile. Ci salvammo per un pelo."

In un attimo si alzò dalla sedia, ordinò a Giacomo di farsi un altro segno della croce e recitò sottovoce un Pater, un'Ave e un Gloria.

"Buonanotte, figliolo," disse poi, e uscì dalla stanza.

"Nonna!" provò a chiamarla piano, ma invano.

Ormai aveva spento la candela.

10.

Poco prima dell'alba, Giacomo fu svegliato dal nonno, che da un po' era in piedi per pulire la stalla e dar da mangiare alle vacche.

La resistenza fisica di quel vecchio e la sua velocità di recupero dopo ogni sbornia avevano dell'incredibile. La sera in osteria beveva rosso a volontà e il mattino dopo era capace di tirarsi su dal letto senza tracce dell'ubriacatura. Né mal di testa né nausea né sfinimento. Una vera forza della natura.

"Muoviti che dobbiamo andare!" gli urlò passando davanti alla camera, incitando poi gli altri due a sistemare il fieno nel *tabià da mont*, battere l'avena e sistemare la staccionata della porcilaia.

Titta si alzò, si vestì coi soliti indumenti e uscì dalla stanza senza fiatare. Celestino invece passò accanto al letto di Giacomo ed esclamò:

"Noi dobbiamo lavorare e tu vai a divertirti!".

"Stare con lui secondo te è un divertimento?" rispose lui sottovoce. "Non so nemmeno dove mi vuole portare!"

Dopo un lungo sbadiglio, si rese conto che la stanza era piuttosto fredda ed ebbe l'impressione che il calore del suo corpo fosse rimasto tutto sotto le coperte. Si alzò frettolosamente, si passò una mano tra i capelli e si grattò la nuca, stupito. La sua testa era vuota: senza pensieri, senza paure, senza idee.

"Sbrigati!" gridò ancora il vecchio da fuori, mentre attaccava il cavallo al carro.

Giacomo scese alla svelta nella stube, dove la nonna gli fece trovare del pane nero con burro e *garnëte* e una tazza di latte appena munto e fatto bollire. Non faceva colazione da due giorni e quando vide il burro con la confettura di mirtilli rossi gli si illuminarono gli occhi di gioia. Il latte caldo poi gli sembrò una vera benedizione: lo strato di panna che si era formato sulla superficie era spesso come il suo dito indice e quando lo ruppe con il cucchiaio per portarlo alla bocca, dall'emozione gli sembrò di essere sulla cima della Marmolada.

Salutò la nonna e uscì di casa, dove trovò Titta e Celestino che stavano aiutando il nonno a sistemare alcune casse di legno e delle corde sul carro.

L'aria era fredda e il sole così basso che nel cielo si poteva ancora scorgere una manciata di stelle. Le vallate sottostanti erano nascoste nell'ombra della notte e soltanto le cime dei monti stavano iniziando a illuminarsi di rosa.

Quando lo vide, il vecchio si rivolse a lui dicendogli:

"Forza, non farmi perdere altro tempo," e controllò le redini del cavallo.

"Prendi, Giacomo!" disse la nonna sull'uscio porgendogli il suo *dreispitz* e mostrandogli uno dei capienti zaini austriaci della prima guerra mondiale che il nonno aveva recuperato anni addietro sul Còl dei Bòs e sul Pian di Lagazuoi. Giacomo sgambettò verso di lei, si ficcò il cappello sulla testa e si mise lo zaino in spalla.

"Vi ho messo del formaggio, dello speck e *schüttelbrot.*"

"Grazie, nonna!"

Il vecchio controllò un'ultima volta le ruote del carro e poi ordinò al nipote di montar su.

"Nonno..." chiese timidamente Giacomo, "dov'è che andiamo?"

L'uomo dapprima grugnì, poi sputò per terra e disse:

"Al mercato di Colfosco. Cosa credi, che i polli crescano sui larici? Maledetti *mader...*".

A Giacomo piaceva sempre andare in Alta Val Badia, e soprattutto a Colfosco, dove c'era la bottega di Mathias Erlacher, uno scultore ligneo che ammirava moltissimo. Ai cristi e alle madonne, Mathias preferiva gli animali del bosco e le figure umane che raccontavano i mestieri della montagna.

"Però prima dobbiamo fermarci un attimo giù da Cleto," aggiunse il vecchio salendo sul carro.

Allora nella testa del ragazzino si accese un'idea. E sulla sua bocca comparve un sorriso.

11.

Il vecchio si sistemò il cappello, afferrò bene le briglie e sputò per terra.

“Ya!”

Ey de Net, il loro Avelignese di cinque anni, mosse lentamente le zampe con sicurezza facendo cigolare le ruote del carro, e appena imboccarono la strada bianca che conduceva giù a valle, Giacomo si stese nella cassetta con la faccia rivolta verso l’alto. C’era qualche nuvola del bel tempo, di quelle che rimangono sempre piccole e galleggiano in cielo come piume. Due aquile reali volteggiavano alte. Gli vennero in mente le parole della nonna quando la sera prima gli aveva detto che i suoi genitori erano in cielo, e si immaginò che quei due grandi ed eleganti rapaci fossero proprio loro, la mamma e il papà che dall’alto dei cieli vegliavano su di lui.

Il nonno parlava da solo o con *Ey de Net*, ma Giacomo non lo stava ad ascoltare. Seguì con gli occhi le due aquile finché non furono attaccate da uno stormo di corvi che le costrinse a fuggire e abbandonare quel ritaglio di cielo. Chiuse gli occhi per qualche istante, poi li riaprì e vide che il blu sopra di lui era vuoto. Provò un brivido e per scrollarsi di dosso quella sensazione improvvisa si sollevò su un fianco e controllò che nel vecchio zaino ci fossero tutte le cose che la nonna aveva detto. Poi, mentre il carro continuava a sobbalzare sulle buche e le pietre disseminate lungo la via, andò a sedersi sulla seggetta a fianco del nonno e finalmente si sentì meglio.

Giunti a Pieve di Livinallongo il vecchio fermò il carro sulla piazza del paese, dove non c'era nessuno. Impastoiò il cavallo alle maniglie appese al muro del municipio e si accese una sigaretta. Poi si rivolse al nipote:

"Vieni con me o aspetti qui?".

"Vengo anch'io!"

Con un salto Giacomo scese dal carro, raccolse lo zaino e mentre il sole faceva capolino dalle spalle del Pelmo, seguì il nonno tra i viottoli del paese fino all'emporio di Cleto.

"Come la va, vecchio *löf*? Allora ogni tanto ci scendi in paese, eh?" lo salutò il bottegaio rimanendo dietro il suo grande bancone dove era esposto di tutto.

"Sto andando al mercato di Colfosco," disse il vecchio senza nemmeno salutarlo.

"Vuoi vendere tuo nipote?" disse Cleto ridendo.

Intanto Giacomo si portò verso gli scaffali dove Cleto teneva le grappe, i liquori e gli spiriti.

"Ridi, ridi pure," ghignò Angelo. "Devo comprare dei polli e delle *pite*. I *mader* me li hanno ammazzati tutti."

"Ostia, che disgrazia!"

"Giusto per non essere mai in pace, *madòja*! Comunque non sono qui per dirti gli affari miei, ma per la caccia al camoscio."

Mentre i due parlavano fra loro, Giacomo si avvicinò alle bottiglie e le guardò passandole velocemente in rassegna.

"C'è un camoscio che mi interessa," diceva il vecchio. "Lo vedo sempre tra il passo Sief e il Settsass. È un Arlin di due anni, bella bestia, la sua carne dev'essere come il burro..."

"Vuoi che andiamo insieme?" disse Cleto entusiasta.

Il nonno annuì. "Mi piacerebbe fare una battuta di caccia insieme, l'ultima volta ci siamo divertiti."

"Eccome! Io lassù ho tenuto d'occhio un cervo per tutta l'estate e proprio stamattina pensavo che è giunto il momento di tirarlo giù. Quando avevi in mente?"

"Anche questa settimana, se vuoi. Il grosso dei lavori di fine estate è terminato."

"L'hanno terminato i tuoi nipoti vorrai dire!" e rise ancora.

"Quei tre devono ringraziarmi perché do loro da mangiare e da dormire, altroché!"

Cleto lo guardò serio e disse:

"Sei sempre stato una scorza dura, Angelo, ma non capisco perché sei così con loro. Proprio non lo capisco...".

"Fatti gli affari tuoi!" sentenziò il vecchio.

"Come vuoi, ma stai attento perché il destino tuo e loro non lo governi tu." Poi si accovacciò sotto il bancone.

"Guarda qui!" esclamò riemergendo con un grande fucile luccicante tra le mani.

"Remington 721, l'ho preso giù ad Agordo. Guarda che spettacolo... Calibro Springfield 30-06, tre cartucce, otturatore girevole. Quando hai messo i colpi nel serbatoio, spari, poi tiri su la manetta e il bossolo viene sputato fuori, spingi in avanti la manetta e spari di nuovo. Fino a tre. In tre secondi puoi buttare giù padre, figlio e spirito santo, ahahah... Con questo fucile nessuna bestia ha scampo."

Il nonno lo osservò ammirato.

"Quanto l'hai pagato?"

"Tanto!"

"Quanto?"

Cleto afferrò il fucile e lo puntò fuori dalla finestra, mirando alla croce sul campanile della chiesa.

"Questi *sono* affari miei," disse abbassandolo con fierezza.

Finalmente Giacomo scovò la bottiglia che cercava. Di quel tipo ce n'erano solo tre, nascoste dietro due file di liquore al pino mugo e grappa alla genziana. Con il cuore che gli batteva forte attese l'istante in cui i due uomini erano concentrati a osservare minuziosamente i dettagli dell'arma da fuoco, il ragazzino aprì lo zaino e vi infilò la bottiglia. Risistemò le altre, attento a non far tintinnare i vetri, richiuse lo zaino e tornò dai due, ancora con gli occhi sul nuovo fucile di Cleto.

"Si fa tardi, devo andare!" esclamò il vecchio. "Allora facciamo fra quattro giorni?"

Cleto si chinò e ripose il fucile sotto il bancone.

"Va bene, a sabato."

Il vecchio si voltò verso il nipote e gli disse:

"Andiamo, dai!".

Si diresse verso l'uscita, e aprì la maniglia della porta.

"Ehi, tu!" gridò Cleto a Giacomo mentre il nonno era già uscito dal negozio.

Lui si immobilizzò. Si sentì impallidire, le gambe quasi gli cedettero.

Mi ha visto, pensò.

"Guardami negli occhi, girati!" continuò minaccioso il bottegaio.

Giacomo si voltò lentamente.

Cleto lo fissò.

"Te lo ripeto oggi, se ieri pomeriggio non l'hai capito. Ho bisogno che tu mi porti altri *fomes*! C'è chi darebbe tutti e due gli occhi della testa per poterlo assaggiare..."

Giacomo sospirò e, rinfrancato, rilanciò.

"Lo so, però non è facile trovarli, e raccoglierli è ancora peggio... stavolta mi devi dare di più..."

Gli occhi di Cleto si fecero piccoli e severi. Si lisciò i lunghi baffi asburgici e bofonchiò:

"Cosa vuoi?".

"Quel fumetto che mi avevi mostrato in primavera..."

"'Intrepido'?"

"Quello! Ne voglio cinque numeri per ogni *fomes* che ti porto."

"Ma sei matto? Come faccio? Devo andare fino ad Agordo per prenderli!"

"Se ci vai per comprare il fucile puoi andarci anche per 'Intrepido'. Sempre che tu voglia i *fomes*, altrimenti..."

Cleto sbuffò rabbioso, il suo volto diventò rosso come la testa del picchio nero.

"Maledetto bastardo!" disse. "E va bene."

"Cinque numeri per ogni *fomes*?"

"Sì," grugnì l'uomo.

"Affare fatto!" disse il ragazzino sorridendo.

Gli piacevano da matti quelle storie avventurose che lo emozionavano fino a togliergli il respiro, ricche di colpi di scena, gioie, spaventi, paure, misteri da risolvere, imprese coraggiose, azioni vendicative nei confronti dei peggiori criminali, pervase da un senso di giustizia che nella vita reale lui non vedeva mai realizzarsi. Ma gli piaceva anche l'odore della carta della rivista, al punto che prima di iniziare a leggere le storie passava minuti a sfogliarla annusandone le pagine come per pregustarsi un viaggio pieno di godimento, lontano da tutto e da tutti.

Quando ripresero la marcia verso Arabba il sole si era già sollevato dietro il Pelmo e ora rischiarava tutta la profonda vallata di Fodòm.

Ey de Net continuò a marciare senza sosta, mentre Angelo Nef guardava la grande sagoma del Sella farsi sempre più grande davanti a sé e Giacomo pensava a come avrebbe divorato le storie di Bufalo Bill, Roland Eagle, Chiomadoro o Forza John.

Dopo un'ora raggiunsero le prime case di Alfauro e infine l'abitato di Rèba, che durante il fascismo era stata italianizzata in Arabba. Da lì imboccarono la strada che conduceva al passo di Campolongo e cominciarono a salire di quota attraverso pascoli pieni di capre camosciate alpine e pecore *Steinschaf* e *Tiroler bergschaf*. Il carro dei Nef risalì il versante fodòmo del valico senza mai fermarsi e a un certo punto, per la prima volta da quando avevano lasciato la bottega, il rumore delle ruote di legno sull'acciottolato e sulle buche fu interrotto dalla voce nasale del vecchio che prese a parlare da solo.

"Ce l'avessi io un fucile come quello là... Allora sì che i cervi non avrebbero scampo... Chissà quanto l'avrà pagato, il Cleto..."

Più il carro saliva, più il maestrale soffiava su di loro. Era un vento secco e pungente e in meno di un'alba e un tramonto aveva ripulito l'aria e spazzato via l'umidità che la perturbazione aveva rovesciato su quelle montagne.

Giacomo ascoltava il nonno ma anche i suoni del mondo intorno a sé, il verso ripetuto delle ghiandaie, le grida delle poiane, il suono dolce delle cince che si ammassavano sui rami dei *melèster* per poi volare via alla ricerca di nuove bacche.

In breve i due raggiunsero il passo e iniziarono la discesa verso l'Alta Badia. Davanti ai loro occhi si stagliavano le Conturines e il Sassongher. Lì intorno c'erano decine di vacche al pascolo, quasi tutte pezzate rosse, e il suono dei loro campanacci riempiva l'aria di festa e spensieratezza.

"Tra poco arriviamo a Corvara," disse il vecchio Nef. E incitò *Ey de Net* ad affrettare il passo.

"Quanti polli compriamo, nonno?"

"Quanti ne servono! Maledette faine, spero che siano andate all'inferno!"

Infine, dopo quattro ore di viaggio, davanti a loro videro finalmente le prime case di Colfosco. Già all'ingresso del paese c'erano ovunque carri, buoi, cavalli e uomini intenti a chiacchierare fra loro ad alta voce.

Nonno e nipote sistemarono carro e cavallo, legarono quest'ultimo al palo accanto a un lungo abbeveratoio e gli diedero da mangiare biada e avena, quindi si incamminarono verso il mercato. Giacomo stava vicino al nonno e intanto ammirava il vorticoso movimento intorno a loro. Era la seconda volta che si recava al mercato di Colfosco. Non era abituato a stare in mezzo a così tanta gente tutta insieme e, se da un lato questo lo affascinava, dall'altro gli riempiva occhi e orecchie di una insopportabile confusione. C'era gente dappertutto e un gran vociare, musiche di violini e fisarmoniche, canti e annunci di vendita. Grida di mercanti provenienti da tutte le Dolomiti, ubriachi che litigavano fra loro, uomini che discutevano sul prezzo di una capra, gabbie e recinti pieni di animali da cortile, banchetti con artigiani al lavoro, mediatori che cercavano di mettere d'accordo compratori e venditori, ambulanti che fermavano insistentemente i passanti in ogni sorta di parlata ladina.

Mentre il nonno camminava e si guardava intorno alla ricerca di pennuti in salute e a buon prezzo, Giacomo, tenendo ben stretto lo zaino sulle spalle, cercava con lo sguardo la viuzza che portava alla bottega di Erlacher e, quando la individuò, tirò la giacchetta del nonno.

"Nonno, mentre tu cerchi i polli buoni, posso andare a vedere una cosa laggiù?"

Il vecchio dapprima non gli badò, concentrato com'era a guardarsi intorno, poi gli rispose sbrigativamente, come per levarselo di dosso.

"Vai, vai!"

Le campane rintoccarono le undici ed entrambi alzarono gli occhi verso il campanile.

"Tra mezz'ora devi essere qui!" gli disse il nonno nel caos della gente.

"Sicuro!"

Il nonno si voltò dall'altra parte e lui scattò deciso verso la sua meta. Fuori dal laboratorio artistico dello scultore erano esposte alcune sue opere, tra le quali due enormi orsi in posizione eretta e una coppia di pastori, un uomo e una donna. Poi dei tronchi di larice ancora da lavorare e un grande catino in legno di faggio pieno di fiori freschi. Giacomo si emozionò e rimase incantato davanti a quei lavori, soprattutto ai due orsi che sembravano veri e spaventosi. Guardò la porta d'entrata, contò mentalmente fino a tre e poi l'aprì.

"È permesso?" chiese ad alta voce varcando la soglia.

Nessuno gli rispose.

Rispetto alla luce del sole che fuori inondava le vie del paese, nella bottega regnava un buio pesto e un silenzio meraviglioso. E un profumo intenso e persistente di cirmolo che respirò a fondo per gustarselo tutto. Le essenze legnose e resinose sprigionate nell'aria diedero a Giacomo un senso di pace. Poco a poco i suoi occhi iniziarono ad abituarsi a quella penombra e la vista tornò a rischiarare i dettagli dello stanzone. Vi era una stupenda confusione, opere disseminate ovunque, sculture in lavorazione, segatura, trucioli, scarti di legno e soprattutto tanti strumenti di lavoro. Ce n'erano in ogni angolo, appesi alle pareti, appoggiati sulle possenti travi del solaio, lasciati sui banchi da lavoro e perfino a terra.

"Chi è?" domandò una voce cavernosa.

Giacomo trasalì.

"Buongiorno, signor Erlacher!"

Da un'intercapedine laterale sbucò improvvisamente lo scultore. Portava i capelli lunghi e bianchi legati in una coda di cavallo, indossava la falda blu tirolese, sporca e ricoperta di impregnante e polvere di segatura.

Giacomo strinse forte le mani sudate sulle cinghie dello zaino e disse tutto d'un fiato:

"Mi chiamo Nef, vengo da Daghè, in Fodòm. Vorrei diventare uno scultore come lei...".

L'uomo lo squadrò dalla testa ai piedi e sorrise.

"Nef hai detto?"

"Sì."

"In fassano vuol dire 'nove', lo sai?"

"In fodòmo invece vuol dire 'neve'," rispose Giacomo.

Erlacher sorrise ancora.

"Sei già stato qui da me?"

"Sì, tempo fa. Le sue sculture mi piacciono tanto, signor Erlacher."

"Chiamami Mathias, semplicemente Mathias. Quanti anni hai, ragazzino?"

"Undici."

"E già lavori il legno?"

"Sì, ma non ho gli strumenti adatti... Ne avrei bisogno..."

Lo scultore si pulì le mani sul grembiule, poi si ripassò il dorso sulla faccia e sulla fronte e si avvicinò a un piccolo armadietto lì vicino.

"E io cosa posso fare per te?" disse.

"Potrebbe vendermi qualche piccolo attrezzo. Lei ne ha così tanti e io non so dove procurarmeli..."

Erlacher aprì l'armadietto, tirò fuori una bottiglia e un bicchiere e si versò da bere.

"Io però non mi ricordo di te," disse sorseggiando il vino.

"Sono venuto un anno fa ma non ci siamo parlati. Sono entrato, ho curiosato un po' e sono uscito. Oggi sono tornato a Colfosco con mio nonno perché i *mader* ci hanno mangiato tutto il pollaio e bisogna ricomprare polli e galline."

Erlacher rise di gusto.

"E se anche io avessi degli strumenti da intaglio da venderti, come pensi di pagarmeli, ragazzino?"

"Ecco come, guardi qui!" esclamò Giacomo tirando giù lo zaino dalle spalle mentre l'altro lo guardava divertito.

"Soldi non ne ho, ma ho una cosa introvabile, che non ha prezzo," disse aprendo lo zaino.

Con cautela estrasse la bottiglia e gliela porse come se fosse il calice della messa di Natale.

"Questo è *Fomes officinalis*!" esclamò orgoglioso. "Ne avrà sentito parlare..."

Lo scultore si fece improvvisamente serio. Era sbalordito.

"Ostia! L'ho assaggiato molto tempo fa in Val Ridanna... Non è facile trovarlo..."

"La bottiglia in cambio di qualche attrezzo, magari vecchio o malandato, o doppio!"

L'uomo si sedette con calma.

"Fa' vedere!" disse chiedendo di mostrargli la bottiglia con l'infuso di colore ambrato.

Giacomo gliela diede ed Erlacher la prese con entrambe le mani.

"E chi l'ha fatto?" chiese stupito, mentre il suo sguardo cadde sulla mano sinistra di Giacomo.

"Questo non posso dirlo..." disse Giacomo con un filo di voce.

L'altro rise e appoggiò la bottiglia sul tavolino in parte.

"Di' un po', cosa ti è successo alla mano sinistra?"

Giacomo la nascose frettolosamente dietro la schiena.

"Niente," disse. "Ce l'ho così e basta. Ma riesco a scolpire lo stesso!"

Erlacher fece un vago assenso col capo.

"E cosa ti piace scolpire?"

Il volto del ragazzino si illuminò.

"Be', per ora mi limito a piccoli ciocchi di abete e larice. Mi piacerebbe lavorare il cirmolo, è così profumato e morbido... Provo a fare gufi, camosci, marmotte."

"Tua madre e tuo padre cosa dicono di questa tua passione?"

Giacomo si passò la mano destra sopra la testa. "Mio padre è stato dato disperso in guerra, nella spedizione in Russia, mia mamma è morta di malattia. Vivo con i nonni."

Poi aggiunse rapido:

"Sono contadini, sono poveri e della scultura non gliene importa niente".

"Capisco... Mi dispiace. E di quali strumenti avresti bisogno?" disse Erlacher sorseggiando il suo vino e spostando in continuazione lo sguardo sulla bottiglia di *Fomes*.

"Il *Fomes* non ha prezzo!" disse Giacomo sorridendo ruffianamente.

"Questo lo devo dire io!" esclamò lo scultore. "In ogni caso dimmi: cosa ti serve?"

O la va o la spacca, si disse Giacomo.

"Sgorbie di varie dimensioni, un mazzuolo, un'accetta curva, un'ascia cava, due coltelli da intaglio e dei punzoni."

Erlacher scoppiò a ridere.

"Come no! E poi vuoi che ti lasci anche la bottega intera e le mie opere?"

Giacomo sapeva di aver esagerato, ma prima che potesse replicare, l'uomo si riprese la parola.

"Mi stai simpatico e sono felice che un giovanotto della tua età voglia fare il mio mestiere. Il caso vuole che proprio in questi giorni io stia eliminando una parte della mia vecchia attrezzatura, perciò qualcosina te la posso dare, a patto che la tratti bene e ti impegni a scolpire con passione, d'accordo?"

Nel volto di Giacomo si fece largo un enorme sorriso.

"D'accordo, signor Erlacher!" esclamò.

"Mathias, te l'ho già detto. Chiamami Mathias e sappi che puoi venire a farmi visita quando vuoi."

Si alzò dalla sedia e prese a girovagare per la bottega. Dopo molto cercare, raccolse una sgorbia mezza sepolta dai trucioli a terra e gliela mostrò.

"Ti posso dare questa e poi..." e continuò a rovistare.

"E poi questa!" ne raccolse un'altra. "E anche un mazzuolo in carpino bianco che non uso più, questi due coltelli da intaglio, questa accetta ricurva e questi vecchi punzoni. Ecco, ti posso dare queste cose, va bene?"

Giacomo avrebbe voluto gridare di gioia, ma si limitò a togliersi il cappello e passare le mani tra i capelli sudati per l'emozione.

"Lei è un uomo straordinario," gli disse.

Erlacher sorrise e gli si avvicinò. Gli diede una pacca sulla spalla e gli consegnò gli strumenti.

"Vieni a trovarmi, voglio vedere i tuoi lavori!" gli disse sorridendo.

In quel momento si sentirono le campane suonare le undici e mezza e Giacomo si ricordò della promessa fatta al nonno.

"Gra-grazie, maestro!" balbettò Giacomo mettendo gli attrezzi dentro lo zaino.

"Mi spiace ma adesso devo scappare, il nonno mi aspetta al mercato!"

"Vai, vai! E ricordati: nella vita si cammina su un ponte molto stretto. La cosa più importante è non avere paura," disse lo scultore avvicinandosi alla bottiglia appena ricevuta.

Giacomo si inchinò in segno di ringraziamento, chiuse i lacci dello zaino ancora incredulo di avercela fatta e corse fuori rituffandosi nella calca del mercato.

In pochi secondi raggiunse il nonno mentre questi era ancora intento a trattare l'acquisto del pollame.

"Sono qui!" disse Giacomo.

Il vecchio si voltò, lo vide e lo ignorò, concentrato com'era sulla trattativa.

Per un gallo, dieci *pite* ovaiole e otto polli, Angelo Nef non intendeva spingersi oltre una certa cifra, ma per cedergli gli animali da corte prescelti, il venditore marebbano e suo figlio gli chiedevano un piccolo sforzo in più. Alla fine patteggiarono e con una stretta di mano siglarono l'accordo.

"Però me li caricate voi sul carro," disse il nonno.

"Non c'è problema," rispose il figlio del venditore, un ragazzotto grande e molto in carne, con le gote pelose e ispide come la schiena dei porcospini. Recuperò i pennuti uno a uno e li ficcò sbrigativamente all'interno di gabbiette di ferro, diciannove animali suddivisi in cinque gabbie.

Raggiunsero il carro dei Nef e il figlio pingue del venditore vi depose le prime tre gabbie, poi tornò sui suoi passi e poco dopo arrivò con le altre due.

"Andiamo," disse il nonno rivolto a Giacomo. Salirono sul carro e partirono mangiando qualcosa.

"Quei crucchi sono più attaccati ai soldi che alle loro madri!" borbottò il vecchio incitando il cavallo ad andar più forte. Quando attraversarono la piana di Corvara, il sole era già alto nel cielo e l'aria decisamente più calda del giorno precedente. Senza parlarsi risalirono il passo Campolongo, mentre il nonno bofonchiava come il suo solito e Giacomo, lo zaino stretto al petto, era più felice che mai.

Un'ora più tardi oltrepassarono il valico e iniziarono a scendere verso Rèba, rientrando nella loro povera vallata ladina.

"Nonno..." provò a dire a un certo punto Giacomo, rompendo il silenzio.

"Che?" fece il vecchio.

Avrebbe voluto dirgli dell'impiccato, della paura che aveva provato e che ancora sentiva al solo pensiero di quella visione macabra, avrebbe voluto chiedergli se l'aveva visto anche lui o se comunque ne sapeva qualcosa.

"È che... insomma, io... non ti ho mai visto ridere, nonno!"

Il vecchio Nef teneva le redini e guardava avanti. Tirò fuori una sigaretta già arrotolata dalla giacca e la accese facendo due tiri profondi. Fece silenzio per qualche istante e poi mormorò:

"E sai perché? Perché non c'è proprio niente da ridere. Se ci fosse da ridere allora riderei anch'io, *madòja!*".

Tacquero un po', dopodiché il vecchio aggiunse:

"Il mio unico figlio se l'è portato via il gelo della Russia dove è stato mandato a morire da quel figlio di puttana di Mussolini. Tua madre mi ha lasciato tre bambini da crescere in povertà...".

Giacomo abbassò lo sguardo e poi portò il naso all'insù, fiutando il profumo degli abeti bianchi che discendeva dal Padon. Provò pietà per quel vecchio.

Questo fu tutto ciò che nonno e nipote si dissero in quattro ore di viaggio insieme da Colfosco fino a Plìe, e poi su fino a Daghè, con un carico di pennuti che alle loro spalle non smetteva di chiocciare, pigolare, cantare.

Quando finalmente nel tardo pomeriggio giunsero sulla strada forestale che conduceva a casa, videro in lontananza Frida. Guardava a valle in attesa del loro arrivo, in piedi davanti al pollaio, con un braccio appoggiato sulla porticina aperta del serraglio. La sua sagoma da lontano sembrava l'immagine della pazienza, la più grande virtù di quella donna.

Quando li vide alzò una mano, poi chiamò i due nipoti che erano dietro il fienile, dove sicuramente erano stati a fumare di nascosto.

Quando giunsero al maso, Angelo fermò il carro davanti al pollaio.

"Com'è andata?" chiese la nonna.

"Belle bestiole, ma care, *madòja*!" bofonchiò il marito.

Giacomo e i fratelli sistemarono gallo, *pite* e polli e chiusero per bene il pollaio, già rinforzato dal nonno il giorno prima, quando aveva scavato lungo il perimetro del serraglio e aggiunto una rete metallica sottoterra per impedire che le faine vi scavassero sotto.

Terminato il lavoro si lavarono alla fonte, poi entrarono in casa per la cena mentre Giacomo tornava a sciacquarsi il volto. Si era accorto che il portoncino della stanza delle mele era socchiuso e senza catena, pensò che avrebbe dovuto approfittarne per nascondere lì i suoi nuovi strumenti da lavoro. Così appena i fratelli furono in casa, lui entrò furtivamente nella stanza delle mele. Sollevò con forza l'asse di legno sul pavimento dove erano già stipati i ceppi da lavorare e vi nascose dentro anche il mazzuolo, le sgorbie e i coltelli presi da Erlacher. Quando uscì, e fu sicuro che nessuno l'avesse visto, tirò un sospiro di sollievo.

Nel cielo intanto si stava preparando un tramonto infuocato e sulle pareti delle montagne l'enrosadira stava iniziando ad accendersi in tutta la sua meraviglia.

12.

Giacomo passò la mattina seguente a rastrellare il *dorch* che i suoi fratelli avevano falciato sui prati verso la frazione di Castello. A pranzo il nonno volle sapere com'era andata.

"Quanto ti manca a finire il lavoro?"

"Ho finito."

Il nonno lo guardò sospettoso.

"Finito anche il prato sotto Livinài?" gli chiese.

"Finito tutto. Ho rastrellato il fieno e l'ho messo in *rodèle*, poi le ho raccolte insieme e ho fatto un'unica *piuma*."

"Come hai fatto a fare così veloce?"

"Non mi sono mai fermato, io," disse Giacomo guardando i fratelli.

Titta lo sbirciò storto, ma poi disse:

"È vero, nonno. Ha fatto un grande lavoro".

Il nonno vuotò il bicchiere di vino e poi fece schioccare le labbra.

"Benon, mancino!" disse. "Allora sei libero fino a metà pomeriggio, che poi dobbiamo riparare il tetto della *majón de soto*, ci sono da cambiare alcune scandole."

Giacomo sollevò un sopracciglio, come sempre gli accadeva quando provava una sensazione simile alla soddisfazione. Si alzò da tavola, portò il suo piatto nel secchiaio e uscì per sedersi sui gradini dell'uscio mentre le allodole cantavano intorno al maso.

Chissà se l'impiccato è ancora là..., pensò.

Provò nuovamente quello spavento, come se la scintilla di un piccolo, breve pensiero fosse stata in grado di riaccendere il fuoco di quella visione.

Strizzò gli occhi e si passò le mani tra i capelli per cercare di non pensarci. Le ore di libertà che aveva davanti sarebbero state perfette per andare in cerca di *fomes* da dare a Cleto. Recuperò velocemente il vecchio zaino militare, una grossa corda di canapa, un coltello e, senza dir niente a nessuno, si inerpicò sul versante meridionale del Col di Lana per raggiungere i lariceti che si estendevano qualche centinaio di metri più in quota.

Camminò veloce fino al capitello dedicato ai Re Magi e poi fino al trivio dal quale si diramavano i sentieri per Cherz, Contrin e la cima del Col di Lana. Salì ancora senza mai fermarsi, incrociando prima un enorme cervo maschio ai margini dell'ultima pecceta e poi, in quota, una coppia di galli forcelli. Mezz'ora più tardi raggiunse finalmente la meta della sua spedizione. Una brezza gentile soffiava da ovest e sollevava dal suolo le prime foglie caduche di betulla e carpino portate su dalla valle. L'erba ondeggiava lentamente e il suono del vento tra i rami degli alberi sembrava un fruscio così magico che Giacomo pensò che da un momento all'altro potesse apparirgli un *salvàn*, l'essere benevolo che vive tra rocce e boschi d'alta quota. Si fermò. Da quella posizione poteva vedere le vette dolomitiche, con le cime già spolverate della prima neve, che facevano corona tutt'intorno. Una vastità di larici si estendeva a perdita d'occhio a oriente e occidente. Il loro colore stava già mutando, smettevano gradualmente l'abito estivo per prepararsi a indossare quello autunnale. I colori della montagna iniziavano ormai a girare, ma quello dei larici era per Giacomo il mutamento più emozionante, pari solo alla bellezza della prima nevicata. Riprese fiato e si diresse verso i due grandi alberi che si era segnato una settimana prima.

Giunto ai piedi del primo guardò in alto, tra le fronde. Il fungo che cercava era lì, e sorrise. Era uno dei *fomes* più grandi che avesse mai trovato, stava nella parte alta del larice, aggrappato al suo fusto. Tirò fuori dallo zaino la lunga corda, se la avvolse intorno al corpo tra la spalla destra e il fianco sinistro e cominciò ad arrampicarsi saltando da un ramo all'altro come una *schirata*.

Raggiunto il grosso fungo del legno, prese il coltello e con molta attenzione iniziò a staccarlo dal tronco centimetro dopo centimetro, facendo attenzione a non sfarinare l'attaccatura. Quando ebbe finito ammirò la sua conquista. Bianco e striato di grigio, il fungo pesava almeno un chilo, e una volta sminuzzato e messo in infusione nell'alcol etilico, un esemplare del genere sarebbe bastato per fare almeno dieci bottiglie di *Fomes officinalis*, il pregiato e miracoloso liquore che già gli antichi Reti ricavavano da quel fungo allucinogeno come portentoso rimedio per ogni sorta di malanno. Giacomo sapeva che non tutti quei funghi erano adatti a diventare il sacro liquore, poiché l'unico *fomes* carico di principi attivi e proprietà terapeutiche era quello che nasceva sui larici che possedevano due caratteristiche: dovevano trovarsi sopra i duemila metri di altitudine e, soprattutto, dovevano essere stati colpiti da un fulmine. Su un lato del fusto si vedeva, largo meno di una mano, un solco di scortecciamento superficiale che scendeva dritto dal cimale fino ai piedi dell'albero, come una lunga e decisa piallata. Giacomo si tenne stretto alla corda e ficcò il fungo nello zaino, poi cominciò a scendere lungo il fusto della pianta colpita da una folgore estiva.

Riavvolse il canapo e si mise subito alla ricerca del secondo larice che aveva già individuato e segnato con una X sulla corteccia rivolta a sud. Girò un po' a vuoto andando in su e in giù, orientandosi a fatica in quel labirinto naturale di fustaie snelle e alte che puntavano i cimali verso la pallida mezzaluna che quel pomeriggio sostava nel cielo. Si fermò un istante, il suo larice fulminato non doveva essere lontano da lì. Un picchio muraiolo gli passò vicino e svolazzò via leggiadro, verso la cima della montagna. Inseguendolo con lo sguardo, il ragazzino intravide in lontananza un albero dal colore leggermente diverso dagli altri, allora fece tre passi in avanti, due di lato e si rese conto che era proprio l'albero che cercava. Corse in salita fin lì e notò la X incisa con il coltello sul fusto. Si arrestò e sorrise. Guardò in alto un'altra volta verso la cima combusta e individuò con soddisfazione il suo *fomes*. Non gli capitava spesso di fare un bottino come quello.

Lanciò e legò la cima della corda intorno a un grosso ramo e si issò.

Piano piano raggiunse il fungo, ripeté la complicata operazione di raccolta senza sbriciolarne la massa bianca attaccata al legno, lo adagiò nello zaino e ridiscese stando attento a non scivolare giù da un'altezza di sei metri.

Una volta a terra si sedette sull'erba per recuperare un po' di forze.

Era felice, appagato. Quel lavoro clandestino era l'unica cosa che lo facesse sentire importante e apprezzato da qualcuno. Si sdraiò per qualche minuto con gli occhi chiusi. L'odore dell'erba fresca e dell'aria briosa che si mescolava ai versi dolci dei frosoni e degli zigoli gialli gli infondeva una sensazione di pace. Giacomo aprì gli occhi al cielo e vide la piccola mezzaluna fissata là in alto, al centro di un blu che gli ricordava il colore che in maggio aveva l'acqua scrosciante del Ruàz. Aprì di nuovo lo zaino e guardò i due grossi funghi. Già pregustava i numeri di "Intrepido" che Cleto gli aveva promesso in cambio.

Si alzò in piedi di scatto e guardò da una parte l'Alta Val Cordevole fino al Jouf de Pordoi, che da lassù sembrava ancora più piccola, e dall'altra le vette che si stagliavano dal mondo come giganteschi pugni di roccia. Sentì l'eco lontano delle campane di Plìe rintoccare le quattro e solo allora si decise a scendere verso casa. Attraversò in diagonale il vastissimo lariceto e poi si buttò giù in direttissima per la discesa erta e sdrucciolevole, disseminata dei primi crochi autunnali, erba dal verde spento e migliaia di fiori di tarassaco.

Prima di giungere al piccolo promontorio sopra Daghè si arrestò per far riposare i muscoli indolenziti delle gambe. Gettò ancora una volta lo sguardo alla sua sinistra, verso il *Triòl dei Mòrc* e poi ancora oltre, al *Bosch Negher.* Mentre si chinava per stringere più forte i lacci delle vecchie scarpe in cuoio gli parve di sentire delle voci scomposte che provenivano dal basso, nei pressi del maso di famiglia. Aprì una mano dietro l'orecchio per ascoltare meglio. Non le stava sognando, si trattava di voci maschili che si accavallavano nervosamente con toni minacciosi e grida sempre più aspre, come in una zuffa tra corvi.

Si mosse piano e scese di qualche passo finché dalla cima della collinetta poté scorgere la casa, a una cinquantina di metri.

Una decina di uomini stava assembrata intorno al nonno davanti all'uscio. Erano agitati e avevano con sé forche, badili e anche qualche fucile. Tra tutti spiccava la figura del prete. Il nonno tentava di calmarli e nei suoi occhi brillava uno sgomento che Giacomo non aveva mai visto nello sguardo del vecchio.

Le mani gli sudarono freddo e le strinse sulle bretelle dello zaino, poi fece ancora qualche passo in avanti. D'un tratto quest'ultimo vide il nipote e si immobilizzò come un ghiacciolo appeso alla grondaia.

Anche Giacomo si pietrificò e sentì le gambe tremare. Il vecchio non disse una parola. Solo lo indicò.

Gli uomini tacquero, smisero di guardare il vecchio e si voltarono verso Giacomo.

Erano tutti del paese e tra loro riconobbe i padri dei suoi compagni Isidoro e Albertino. Ma anche quelli di Maria, di Lucia e perfino il papà di Teresa.

"Eccolo là!" gridò il nonno.

"È lui! È proprio lui!" disse il padre di Isidoro indicandolo.

Giacomo rimase fermo sul posto, confuso. Era immobile come un lichene esposto al vento.

Dall'assembramento uscì Ernesto Pallabazzer, il macellaio del paese e papà di Umberto. Aveva il grembiule sporco di sangue e una grande barba nera e rotonda.

"Diglielo tu, vecchio!" berciò ad Angelo Nef agitando la forca. "Certe cose è meglio lasciarle nel passato. Non si scherza né coi santi né coi morti, quelli veri, quelli delle guerre che non sono ancora state dimenticate."

Giacomo si sentì svenire. In un attimo capì il tradimento degli amici. Si sentì senza via di scampo.

"Basta!" gridò forte il vecchio zittendo tutti. "Vieni qua!" urlò poi al nipote.

Il ragazzino chinò la testa e gli si avvicinò piano piano. Chiuse gli occhi sperando di tramutarsi in vento. Li riaprì ed era ancora lì, sotto lo sguardo del nonno.

Pallabazzer indicò Giacomo e disse:

"Hai detto ai nostri figli che nel *Bosch Negher* c'è un uomo morto impiccato, non è così?".

"L'ha detto a tutti quanti!" si attaccò il papà di Isidoro.

"Ti sembrano sciocchezze da fare, *macarón*? Dovresti saperlo che con certe cose non si scherza!" gridò Siorpaes.

Albino Lezuo, il tappezziere zoppo che aveva la bottega giù a Caprile, esclamò:

"Nef! Spero vorrai dargli una bella lezione! Per spolverare le coperte bisogna batterle forte".

Dal mucchio si sentì una voce dire:

"Povero vecchio, gli è toccato un nipote tontolon...".

Angelo Nef fece due passi in avanti verso gli uomini.

"Come vi permettete di venire a casa mia e attaccare mio nipote?" disse. "Capisco la vostra rabbia e le vostre preoccupazioni, ma è solo un ragazzino, ostia! Cosa ha fatto di male? Ha detto una bugia, non ha rubato niente. Vi chiedo scusa, ma adesso basta, la storia finisce qui, andatevene via dalla mia proprietà. Vi prometto che non accadrà più."

"Lo vogliamo sperare," urlò Grones, e con quelle parole gli uomini iniziarono a scemare.

Giacomo alzò appena lo sguardo verso il viso del nonno. Era esterrefatto: lo stava difendendo davanti a tutti. Con la coda dell'occhio vide la nonna e i suoi fratelli dentro casa che osservavano la scena appiccicati ai vetri della finestra in cucina.

Cleto, ancora lì, si avvicinò a Giacomo, lo prese a braccetto e lo portò furtivamente in disparte, dietro la casa. Con una espressione intimidatoria e guardandosi intorno gli sussurrò:

"Lazzarone che non sei altro, sei stato a raccogliere *fomes*?" sussurrò.

Il ragazzino annuì.

"Quanti?"

Giacomo aprì la mano e mostrò due dita.

"Dammeli subito e scordati dei fumetti!" biascicò Cleto sfregandosi le mani. "Mia moglie ti ha visto, cosa credi? Ti ha visto mentre mi portavi via una bottiglia di liquore, quindi facciamo un patto: tu mi dai i funghi adesso senza fiatare oppure lo dico a tuo nonno. E in questo momento non mi sembra una buona idea..."

Poi gli strappò di dosso lo zaino senza che Giacomo opponesse alcuna resistenza. Aprì la sacca tirò fuori i due enormi funghi del larice e li mise nel suo, di zaino.

"Cleto, io... io..."

"Dovresti ringraziarmi, ladruncolo disgraziato!"

L'uomo richiuse la sacca e guardandolo con sarcasmo disse:

"*Ki ke se sporca l'aiva, i se la beve.* Ragazzino, chi si sporca l'acqua se la beva!" e se ne andò.

Giacomo si sentì morire per il senso di colpa, gli venne in mente il sorriso di sua madre, il tepore del suo petto e delle sue braccia. Cosa avrebbe dato per averla lì in quel momento. Strinse i denti e gli venne da bestemmiare Dio, la Madonna e tutti i santi. E così fece in silenzio, nella sua testa.

Fece il giro della casa e si ritrovò davanti al nonno. Teneva in una mano un bastone di nocciolo rigonfio di nodi.

"Vieni qua!" gli disse. I suoi occhi erano cambiati e il tono della voce era ben diverso da quello che lo aveva difeso davanti a tutti.

"Vieni qua!" ripeté più forte.

Giacomo si avvicinò, sottomesso. Chiuse gli occhi. Per primo sentì il legno sulle ossa della schiena e del braccio sinistro e poi soltanto un dolore lancinante. Tentò di rialzarsi ma non ne ebbe il tempo, fu raggiunto da altre bastonate, sul braccio sinistro e sulla spalla. Poi la verga di nocciolo si fermò. Vedeva tutto viola e arancione e una stretta allo stomaco gli risalì in gola fino a farlo vomitare.

"Bastardo! Lo dovevo capire..." disse il vecchio ansimando e passandosi il dorso della mano sui baffi. Da una tasca del grembiule tirolese tirò fuori una grossa chiave di ferro arrugginito.

"Un impiccato nel bosco... Anche questa ti dovevi inventare... Vai nella stanza delle mele!"

Giacomo si rialzò a fatica. Il corpo, rigido, formicolava. Si trascinò malamente fino al portoncino di legno e si gettò sul fieno.

Chiuse gli occhi. Nelle orecchie sentiva un ronzio che distorceva tutti i suoni intorno trasformandoli in riverberi cavernosi. Udì il nonno raschiare la gola e sputare per terra, poi il rumore scricchiolante del portoncino che si chiudeva, infine quello della chiave nella serratura che lo condannava alla solita prigionia. Un pensiero di morte gli attraversò la mente ed ebbe paura.

13.

Il nonno se ne andò. Il rumore dei suoi passi che si allontanavano rimbombò nella testa di Giacomo come se fossero schianti di pecci. Stavolta le botte erano state più forti del solito e il formicolio aveva lasciato il posto a fiamme ardenti. Eppure uno strano e inspiegabile sentimento gli impediva di odiare quel vecchio. Non riusciva a detestarlo come invece sentiva di odiare Dio, il solo responsabile del suo destino.

Diventerò più forte, pensò. Strizzò forte gli occhi e rivide l'impiccato nel bosco senza uno scarpone, gli amici sulla piazza del paese, gli occhi indemoniati del nonno con la verga di nocciolo in mano e infine il sorriso di Teresa.

No, non può avermi tradito lei..., si disse. Si sfiorò il braccio e la spalla, gonfi e doloranti.

Come un raggio di luce, il ricordo della voce della mamma gli si presentò di colpo. Non capì cosa gli diceva, ma il tono delle sue parole era confortante, consolatorio.

"Torna indietro, mamma... Vieni da me, vieni a prendermi..." biascicò.

Avvertì se stesso piccolo e fragile come un cucciolo di scoiattolo, una piccola *schirata* raggomitolata nel nido.

Un colpo di tosse lo fece urlare per il dolore alla schiena.

"Chi può avermi tradito? Chi può essere stato?"

Si disse che non era così importante, ciò che contava in

quel momento era resistere al dolore e alle botte, stare meglio al più presto, magari rimettersi in piedi già il giorno seguente.

Portò lo sguardo all'unica finestrella che dava verso il cielo. La mezzaluna con le corna a destra gli sembrò un talismano portentoso appeso al cielo della notte.

14.

La luce del giorno entrava dalla finestrella sopra di lui.

Il sole era alto e la luce calda, doveva essere quasi mezzogiorno.

Si passò una mano tra i capelli. Nella notte la febbre alta lo aveva attraversato ma il sudore era evaporato dal suo corpo, lasciando sulla pelle un forte odore acido.

Tentò di alzarsi. Sollevò lentamente il busto stringendo i denti e riuscì ad appoggiare la schiena al muro, poi piegò le gambe fino ad avvicinare le ginocchia al petto. Respirò lentamente e contò fino a tre, quindi con la schiena sempre appoggiata alla parete si tirò su e rimase in piedi per qualche istante.

Il peggio è passato, pensò.

Si strofinò gli occhi per liberarsi delle cispe e notò qualcosa davanti al portoncino. Qualcosa che la sera prima non c'era. Si mosse piano: la cesta intrecciata che Frida usava per mettere le uova da barattare con Cleto ogni venerdì mattina. Era ricoperta con uno strofinaccio bianco. Al suo fianco c'era una vecchia coperta di lana. Sollevò il panno. Una brocca piena d'acqua, un uovo sodo, un pezzo di pucia, una grossa fetta di speck e una di formaggio fodòm.

"La nonna..." disse Giacomo ritrovando il sorriso e bevendo subito un po' d'acqua.

Da fuori si sentivano le voci di Titta e Celestino che confabulavano allegramente fra loro.

Uno dei due batté col pugno sul muro esterno della stanza, poi Titta gridò:

"Stavolta ti ha battuto per bene il vecchio, eh?" e rise insieme all'altro, che aggiunse:

"Te la sei cercata ancora, *macaròn*! Quando la smetterai di dire scemenze?".

E risero ancora.

Con i suoi fratelli era sempre così. Quei due facevano coppia fissa e per loro Giacomo era solo un piccolo ficcanaso con la testa tra le nuvole, che poteva essere trattato con sufficienza e prepotenza. A volte capitava che prendessero le sue difese, ma quasi sempre si univano al coro e finivano per rincarare la dose, dicendogli che doveva svegliarsi e piantarla di cacciarsi continuamente nei guai come uno scemo. Posò a terra la brocca. Il dolore alla schiena mandava ancora stilettate, ma Giacomo non aprì bocca.

Celestino portò la bocca sotto la finestra e disse:

"Le avrai anche prese, Giacomino, ma con questa scusa te ne stai lì a dormire mentre noi qui fuori lavoriamo anche al tuo posto! Io ho spaccato legna tutta la mattina e Titta l'ha accatastata. L'inverno non aspetterà quelli come te!".

"Scansafatiche!" urlò Titta.

E se ne andarono.

Giacomo si inginocchiò davanti alla cesta e prese la fetta di speck e un pezzo di pane. Li mangiò insieme, masticandoli lentamente e sempre tenendo gli occhi chiusi, cercando di ignorare i dolori che si riacutizzavano a ogni morso. Bevve dell'altra acqua, si avvicinò all'angolo opposto rispetto alla tana che si era scelto e fece la pipì tra il fieno mentre le fitte erano scalpelli conficcati nella carne.

"Devo rimettermi giù e aspettare..." disse sottovoce. "Proprio come fanno i gatti."

Pensò alla vecchia gatta dei Moroder, i vicini di casa. Gli venne in mente quando era finita sotto il carro dei suoi padroni e le ruote l'avevano quasi stritolata. L'eco delle sue urla soffianti si erano udite fin quasi a Ciamplò, dove Titta era al pascolo con le vacche e aveva preso paura. Giacomo si ricordò che la gatta con le ossa rotte e il muso sfigurato si era ritirata in un angolo dell'*aucer* sopra il fienile dei Moroder ed era rimasta nascosta lì per due settimane senza mai uscire, al punto che pensavano fosse andata a morire nei boschi, lontana dagli occhi umani. Invece no. Dopo sedici giorni la gatta uscì dall'*aucer* claudicante e malmessa ma ancora viva.

"Devo fare come la gatta dei Moroder..." si ripeté.

Prese la coperta di lana e si trascinò al suo cantuccio. Si abbassò piano piano sulle ginocchia, poi su un fianco e infine si coricò in posizione fetale. Chiuse gli occhi, e iniziò a pensare alla dolcezza della prima neve, che quando cade ricopre un anno intero di terra e polvere. Si immaginò di essere steso sul Pralongià con gli occhi all'insù per guardare i fiocchi scendere su di lui ricoprendolo di candore. Si addormentò così, e cadde nel sonno per un giorno e una notte intera.

15.

Quando riaprì gli occhi era giorno da un pezzo.

Dalle bestie c'è molto da imparare, pensò.

Le pacche gli dolevano meno e lo spirito si era ritemprato. Davanti al portoncino trovò dell'altra acqua.

"Chissà quanto tempo mi toccherà stare qui..." disse.

Mangiò tutto ciò che trovò nella cesta: formaggio, speck e pane nero.

Si stese nuovamente guardando il soffitto e gli venne voglia di prendere in mano un pezzo di legno, di quelli che teneva nascosti sotto le assi del pavimento.

A fatica si stese prono e sollevò le stecche di abete da terra. Prese un piccolo ciocco di cirmolo e gli arnesi da intaglio che gli aveva regalato il maestro Erlacher di Colfosco.

Li riguardò uno a uno, ammirato e ancora incredulo di essere riuscito davvero a procurarsi tutto quel ben di Dio.

Prese il pezzo di cirmolo, lo rigirò tra le mani e, iniziando a lavorarlo di sgorbia, coltelli, mazzuolo e punzoni, perse il senso del tempo che passava.

Lavorò per ore finché si rese conto che si era fatta sera soltanto perché non entrava più alcuna luce dalla finestra. Al suo posto si alzò la mezzaluna calante che illuminò dolcemente la sua piccola scultura: una *schirata* con una coda lunga e folta e una pigna stretta tra le zampette anteriori.

La sua prima opera interamente lavorata con utensili professionali.

Allora posò legno e attrezzi, bevve l'ultima acqua della caraffa e mangiò ciò che era rimasto nella cesta. Nascose di nuovo tutto quanto sotto le assi e si stese su un fianco per dialogare pazientemente con la notte, sperando che la sua liberazione fosse vicina.

16.

Poco prima dell'alba un sogno di valanghe, frane e incendi lo fece girare e rigirare tra il fieno e la coperta fino a farlo svegliare di soprassalto. Si ritrovò ansimante e gli ci volle qualche secondo prima di calmarsi. Sentì un refolo d'aria fredda e si voltò verso il portoncino. Era aperto, segno che la punizione era terminata. Si accovacciò ancor di più sotto la coperta e annusò il profumo del mondo che entrava da fuori: era così fresco e leggero che sembrava una fragranza nuova, appena generata, e il respiro di Giacomo si ravvivò come un ruscello al disgelo primaverile. Allora fu pronto. Lentamente si rialzò dal giaciglio, varcò il portoncino e ammirò le luci rosa del primo mattino posarsi sulle cime delle montagne e sui prati in quota. Vide la nonna nel pollaio mentre raccoglieva delle uova e dava il becchime ai polli. Era china sulla mangiatoia, col suo solito fazzoletto ladino legato in testa.

Dietro il fienile prese a risuonare ripetutamente il rumore dell'accetta che si abbatteva sullo *zùk*, il ceppo di abete, intervallato dalle voci dei suoi fratelli. E comparve il nonno, armato di fucile e con i vestiti che indossava per la caccia. A Giacomo tremarono le gambe.

"Oggi gli Stufles devono recuperare le loro capre che sono al passo Sief," gli disse, "ma il figlio è ancora a Merano..."

Il figlio ventenne dei vicini di casa si era ammalato di meningite all'inizio dell'estate e le sue condizioni di salute si erano aggravate rapidamente costringendo i genitori a farlo ricoverare in ospedale.

"A recuperare le loro capre e i due cani da pastore ci vai tu."

Intanto la nonna uscì dal pollaio e rientrò in casa senza nemmeno fermarsi.

"Lassù troverai il malgaro badiotto che si prende cura delle greggi di tutta la comunità. Ti dirà cosa fare per il viaggio di ritorno. In cambio per la prossima Pasqua gli Stufles ci daranno due capretti."

Giacomo l'aveva già fatto un'altra volta e con l'aiuto dei cani da pastore sapeva bene come riportare le bestie, ma dopo tre giorni passati nella stanza delle mele gli sembrò impossibile.

"Ma prima vai a fare colazione che oggi devi essere in forze, ragazzo!"

La nonna lo aspettava in cucina, e quando Giacomo la raggiunse gli preparò pane imburrato e ribes rossi, una scodella piena di latte caldo e tre fette spesse di lardo di maiale.

"Ce la fai?" gli chiese la vecchia senza nemmeno avere il coraggio di guardarlo negli occhi.

"Cosa?"

"A portar giù le capre."

Giacomo addentò il pane duro insieme al lardo.

"Ce la faccio," disse.

"Come vanno le ossa?"

Annuì. "Passerà."

La nonna si voltò e cominciò a lavare le stoviglie nel secchiaio.

"Certe volte non lo capisco. Però non capisco nemmeno te, Giacomino. Come si fa a inventarsi una cosa del genere dopo tutto quello che in passato si è visto su questa montagna... Il Col de Lana è stato un luogo di dolore e sofferenza. Due guerre ci sono state, non una soltanto. Dicono che è sacra proprio per questo, ma per me è maledetta dal *diàol.*"

Giacomo ebbe un brivido e chiuse gli occhi. Bevve il latte e si pulì la bocca imbiancata con il dorso della mano. Poi fece per alzarsi in piedi, ma il dolore era ancora lì.

“Che Dio ti perdoni!” disse la nonna fissando il crocifisso all’angolo della stube.

Lui prese lo zaino che era già lì pronto ad aspettarlo, vi infilò dentro ciò che aveva avanzato, vi aggiunse dell’altro pane che la donna tirò fuori dalla dispensa e uscì di casa.

“Aspetta!” gli gridò il nonno vedendolo passare. Era presso il *fistìl*. Stava lubrificando il fucile e facendo provvista di cartucce nello zaino militare.

Giacomo gli si avvicinò.

Il vecchio gli porse un vecchio pezzo di carta stropicciato, era un documento che gli aveva dato Siegfrid Stufles, il capofamiglia proprietario delle capre. C’erano i timbri comunali e la firma del sindaco affiancati all’ideogramma rosso della famiglia.

“Se al malgaro non mostri questo atto, come fa a sapere che ti mandano i proprietari?”

Giacomo afferrò il foglio ingiallito con i timbri rossi e blu e lo nascose in una tasca interna dello zaino. Poi infilò le braccia sotto le cinghie e partì risalendo il Col di Lana sul suo versante occidentale, quello opposto al *Bosch Negher.* Stare da solo in mezzo ai boschi e in alta montagna era la cura migliore, e poi quando il suo corpo iniziò a scaldarsi anche la sua schiena cominciò a beneficiarne.

Dopo mezz’ora di ascesa arrivò a un vecchio crocifisso: *Boña balà kome ke i sona*, c’era scritto, bisogna ballare secondo la musica. Guardò il volto sofferente di Gesù. Distolse lo sguardo, e gli risalì alla testa un tale nervoso che avrebbe voluto sputargli davanti, ma si trattenne, e proseguì il suo cammino sul vecchio sentiero di guerra finché, attraversando enormi praterie dove fiorivano crochi e tarassachi, arrivò a una piccola baita diroccata, uno di quei tabià di alta quota che servivano per raccogliere lo *sfèlth*, il fieno di giugno, la prima falciatura estiva.

Lì si fermò e si sedette all’ombra di una parete di assi di abete verticali. Si guardò intorno a osservare le Dolomiti che coronavano il paesaggio. Sempre eternamente identiche a se stesse, impassibili, indifferenti alla vita degli uomini e delle donne che vivevano ai loro piedi, anche se poi, ai suoi occhi, a seconda del luogo dal quale le osservava o dall'ora, o ancor di più dalla stagione, cambiavano sempre. Bevve dell'acqua e mangiò del pane, e i pensieri di sua mamma, del nonno e dell'impiccato nel bosco erano ancora lì. Si diede uno schiaffo. Si rialzò in piedi, guardò il Cenglèi e il crinale seghettato del Settsass di fronte a sé e riprese il cammino ripensando ai suoi attrezzi da intaglio. Erano arnesi straordinari. Si disse con orgoglio che il piccolo scoiattolo in cirmolo gli era proprio venuto bene, considerando che era la prima volta che usava quella sgorbia e quei coltelli. In quel posto magnifico trovò la forza di sorridere alla sua solitudine.

I canti degli uccelli seguivano i suoi spostamenti, prima quelli del bosco, come il ciuffolotto, il verzellino, il crociere, poi quelli di alta montagna, il fringuello alpino, il picchio muraiolo e il gracchio corallino. Infine, giunto in prossimità del passo Sief, udì il belato delle capre che proveniva dal ghiaione della montagna rocciosa. Si fermò per tirare il fiato, e le scorse in lontananza. Si trattava di diverse greggi, ma era facile distinguere i capi degli Stufles visto che erano Vallesane dal collo rosso, con la metà anteriore del corpo ramata e la metà posteriore bianca. Erano in tutto trenta capi, di cui ventisette femmine e tre becchi con le corna lunghe e leggermente spiralizzate. In breve Giacomo raggiunse le greggi e con un fischio avvertì il malgaro e i cani da pastore del suo arrivo. L'uomo stava seduto davanti alla casera, con il mento appoggiato sul suo grosso bastone. Quando vide il ragazzo accennò un saluto alzando due dita della mano. I cani da pastore del Lagorai che sembravano un incrocio maculato tra un lupo e una volpe, presero a gironzolare intorno a Giacomo abbaiando.

"Vengo da Daghè per parte degli Stufles," disse ansimante dopo aver poggiato a terra lo zaino. "Sono venuto per riportare a casa le loro capre."

Poi estrasse il documento e glielo mostrò.

L'uomo portava un cappello di feltro grigio che doveva avere visto la guerra, ma anche tutta la pioggia, tutta la neve e tutto il sole degli ultimi cinquant'anni. Aveva una lunga barba ispida e scomposta, la pelle del viso rossa come il mantello estivo dei caprioli e il suo corpo emanava un odore di selvatico e di vento.

"Fammi vedere meglio," disse l'uomo con accento tedesco. Allungò una mano.

Giacomo gli porse la carta e intanto si soffermò a guardare le capre e i cani che dopo il gran chiasso iniziale si erano finalmente chetati e stesi sul prato a sonnecchiare. Soltanto allora riconobbe i due Lagorai dei suoi vicini di casa e andò ad accarezzarli.

Il malgaro diede un'occhiata prima ai cani e poi al documento. Capì che Croda e Ru lo avevano riconosciuto e che quel documento attestava la bontà del suo incarico.

"Come sta il figlio degli Stufles?" chiese il malgaro.

"Niente bene, ma più di questo non so."

Erano quasi le undici e il sole, alto sopra la Marmolada e il Padon, emanava riflessi dorati su tutti i prati che stavano già girando verso l'autunno.

"Prendi una grappa?" gli chiese l'uomo con inaspettata gentilezza.

"No, devo scendere."

"Ti aiuto a radunare le capre. I due cani faranno il resto, vi condurranno loro fino a Daghè, vedrai come ti stupiranno. Se ogni tanto per strada vuoi fermarti basta che gli gridi forte: Alt! E quando ripartirai, loro ti seguiranno conducendo e compattando il gregge dietro i tuoi passi."

"Lo so. L'ho già fatto due anni fa coi miei fratelli."

"Questi cani sono più intelligenti degli uomini, poco ma sicuro, ostia!"

L'uomo fece tre forti fischi, Croda e Ru scattarono all'istante e abbaiando in pochi minuti radunarono tutte le Vallesane.

Giacomo accarezzò i cani, che si erano già messi al suo servizio e salutò il malgaro che rientrò un istante nella casera. Quando uscì aveva un bicchiere tra le mani, lo alzò in segno di brindisi e disse:

"Sicuro che non vuoi? È grappa di genziana!".
"No, non bevo," e lo salutò.
Lo aspettavano mille metri di dislivello negativo e la grossa responsabilità di riportare a casa sane e salve tutte le capre del gregge.
La prima parte del viaggio andò liscia, i cani si rivelarono compagni straordinari capaci di spostare i capi da una parte o dall'altra a seconda del percorso che il giovane sceglieva, ma a metà strada Giacomo cominciò a sentire tutta la fatica di quell'impegno. Si fermò più volte per sedersi sui prati ai margini dei boschi, e ogni volta si dissetava e spiluccava qualcosa nella speranza di recuperare energie, ma il suo corpo era esausto e i dolori causati dal bastone iniziarono a riaffiorare.
Dalla posizione del sole doveva essere circa l'una e mezza, era il caso di fare una sosta più lunga. Aguzzando la vista individuò una ampia radura un centinaio di metri più a valle e si fece animo per raggiungerla, là si sarebbe buttato a terra fermando il gregge e i cani. Tra il Pralongià e la montagna di Corte si stese sul prato con la pancia all'insù, tirò il cappello di feltro fin sopra gli occhi e cominciò a respirare a fondo, nel tentativo di ritrovare il fiato e le forze che gli mancavano. Senza accorgersene finì per sonnecchiare e quando riaprì gli occhi confuso e stordito, il sole era esattamente sopra Punta Penia.
"Hai dormito quasi un'ora," disse una voce alle sue spalle.
Giacomo si voltò di scatto. Aveva riconosciuto quella voce all'istante e fu colto da un'emozione fortissima.
La vecchia con la lunga pipa ricurva in bocca era impassibile, stava seduta sul prato con le gambe incrociate, il busto eretto e gli occhi fissi sulle vette lontane del Civetta e del Pelmo. Sembrava un'anziana pellerossa, di quelle che Giacomo aveva visto nei fumetti western che gli aveva procurato Cleto. Portava lunghi capelli bianchi sciolti, era vestita di pelli di cervo e orso, al collo le pendeva una collana fatta coi denti dei lupi e brandiva un fucile. Da quelle parti chiunque conosceva Katharina Thaler detta Tina, e le rare volte che si mostrava in paese non passava certo inosservata. C'era chi la

temeva, chi la evitava, e su di lei giravano un sacco di storie, ma nessuno sapeva dire se fossero vere oppure no. Era una cacciatrice solitaria che viveva come un'eremita in una casetta appena fuori dall'abitato di Cherz. Per uomini e donne in Fodòm, e soprattutto per i bambini, era una figura leggendaria, magica e primitiva. Una creatura da rispettare. Umberto una volta aveva detto che si trattava di una strega e bisognava starle alla larga perché così gli aveva raccontato suo padre. Anche gli uomini del paese pensavano più o meno lo stesso.

Nessuno sapeva dire quanti anni avesse quella vecchia lupa solitaria. Chi diceva settanta, chi più di ottanta, altri ancora sostenevano che fosse un'anguana immortale, uno spirito mitico delle foreste e delle acque che scendono dalle montagne. Dicevano che fosse originaria di Larzonei e che si fosse sempre aggirata da quelle parti da quando i genitori l'avevano cacciata di casa. Tutti i vecchi di Fodòm la ricordavano già vecchia quando loro erano ancora bambini.

Frida aveva raccontato ai nipoti di non incrociare mai il suo sguardo, pena terribili e funeste fatture. Don Floriano e prima di lui don Renato si facevano il segno della croce ogni rara volta che la incrociavano in qualche crocicchio di Pieve e subito dopo pronunciavano frasi esorciste.

Magia o no, i cani stranamente non avevano avvertito Giacomo della presenza di quella donna e anzi erano più tranquilli che mai, così come le capre che continuavano a brucare l'erba intorno a loro.

"Spero di non averti spaventato," disse la donna sbuffando con tutta calma il fumo dolciastro del tabacco.

Giacomo aveva il cuore in gola, non aveva mai visto la Tina così da vicino. Gli occhi della donna sembravano profondissimi, la sua pelle era bruna, scura e rugosa. Pareva fatta di muschio, licheni e cortecce di larice. Per un attimo lui pensò a un'allucinazione, un incubo di ritorno fra quelli che l'avevano tormentato due notti prima quando era in preda al delirio della febbre.

"Ti ho visto e ho temuto stessi male," disse la cacciatrice. "Stai bene, ragazzo?"

Giacomo non le rispose.
"Sei un Nef, non è così?" domandò la vecchia.
Giacomo fu sorpreso.
"E immagino che queste siano le capre di Sigfried Stufles..." aggiunse vuotando la pipa dal tabacco combusto.
Giacomo fece cenno di sì con la testa. Avrebbe tanto voluto alzarsi, radunare il gregge e andarsene alla svelta, eppure qualcosa gli suggeriva di star lì.
Così se ne rimase seduto sull'erba, mentre la vecchia, che intanto aveva ricaricato la lunga pipa, ricominciava a farla fumare per bene.
"So anche che tuo nonno te le suona, eh?"
Giacomo arrossì.
"Non devi avere paura di me, sono ben altre le cose che ti dovrebbero spaventare... Be', non apri mai bocca tu? Non hai niente da dire?" e rise.
Giacomo balbettò qualcosa, poi disse:
"Io-io... no".
"Dimmi un po'... L'hai visto davvero l'impiccato nel *Bosch Negher*?"
Una nuova ondata di paura lo travolse seccandogli la bocca. Non ebbe il coraggio di guardarla negli occhi.
"Non devi rispondermi, se non vuoi," aggiunse la vecchia, "ma sappi che io ti credo. Ho sentito cosa si diceva al paese e so che tuo nonno ti ha bastonato forte. Nessuno ti crede, ma io sì. E sai perché? Perché tu non puoi immaginare cos'hanno visto i miei occhi in questi boschi durante la guerra. Lo sai come la chiamavano i tirolesi questa montagna, il Col de Lana?"
Giacomo scosse il capo.
"La chiamavano *Blutberg,* montagna di sangue. Durante la *Gran Vèra* lassù sono successe cose che è meglio non ricordare nemmeno... Ma anche anni dopo, col fascismo e durante l'occupazione nazista, non hai idea, ragazzino... Gli uomini possono essere perfidi e crudeli come nemmeno immagini. Ecco perché ti credo. Quando l'ho saputo ci sono

andata anch'io, sai? E non ho visto niente, ma questo non significa che la tua sia una menzogna..."

Finalmente Giacomo sollevò gli occhi.

"Chissà quante storie hai sentito sul mio conto..." se ne uscì lei.

Giacomo tornò ad arrossire.

"Vero o no?"

"Sì," disse sottovoce.

"Lo sai dove sono nata?"

"Ho se-sentito dire Larzonei..."

La vecchia rise e le rughe del volto si raggrinzirono fino a farle sparire gli occhi tra gli zigomi e la fronte.

"Lo vedi? Nessuno sa niente di me ma tutti inventano qualcosa."

Giacomo trovò un po' di coraggio.

"Non è così?" le chiese.

La vecchia aspirò profondamente dalla pipa e sbuffando il fumo disse:

"Tie. Sono nata a Tie, una frazione alta di Colle Santa Lucia. Mia madre stava falciando i prati e mi ha partorito lì, sotto il cielo di giugno. È un posto particolare, sai? Da Tie si possono vedere ben sei vallate: Codalonga, Fiorentina, Fodòm, Pettorina, Biois e Cordevole. Da nessun altro posto si possono vedere così tante valli dall'alto. Lì soffia sempre un vento che non ha nome, è il respiro di tutte le frontiere".

In quel momento due grossi spari, uno dopo l'altro, squarciarono il cielo.

Giacomo ebbe un sussulto, mentre la Tina non si mosse. Le capre alle loro spalle, a monte, si agitarono e i due pastori del Lagorai abbaiarono per qualche secondo prima di mettersi a fiutare l'aria nervosamente.

"Cacciatori!" disse Giacomo.

La vecchia annuì, mentre l'eco degli spari rimbombava alle loro spalle tra i versanti delle montagne.

Lei si alzò in piedi e disse:

"C'è chi spara per divertirsi, ma io sono della vecchia scuola. Sai quanti scoiattoli abbiamo mangiato da queste parti durante la guerra? Lo sa anche tuo nonno. Ci vuole sempre rispetto per l'animale: la caccia si fa per fame, non per divertimento. Quando prendo un cervo o un camoscio, nel luogo dell'abbattimento prego per il suo spirito affinché non si vendichi e torni alla natura in pace, rigenerandosi...".

Così dicendo prese il suo fucile e fece per andarsene. Giacomo notò che era piccola e molto più magra di quanto non sembrasse sotto quelle pelli maleodoranti che indossava.

La Tina frugò in una saccoccia di cuoio e tirò fuori tre manciate di erbe essiccate racchiuse dentro dei pezzetti di carta stropicciata.

"*Fràsum, fior da mile kros* e *arba da le bausìe*. Frassino, iperico e piantaggine. Masticale bene e ti passerà il dolore delle botte." Le posò ai suoi piedi e indietreggiò di qualche passo.

Giacomo la osservò come si assiste a un sogno a occhi aperti, ancora incredulo di aver fatto quell'incontro.

"*Sarevede*!" esclamò la vecchia e se ne andò scomparendo nel folto del bosco.

Nell'aria aleggiava ancora il suo odore. Giacomò osservò i pezzetti di carta con le piante officinali, li raccolse e li mise in tasca.

La spalla e il braccio gli facevano molto male, provò a muoversi e il dolore si acuì.

Con due grida richiamò all'ordine i cani e prontamente questi radunarono i capi del gregge.

Il sole stava iniziando a scendere dietro il Padon e si disse che aveva già perso troppo tempo. Guardò le capre, le contò e ripartì.

"Lei mi crede," si ripeteva scendendo lungo il versante in preda ai dolori. "Lei è l'unica che mi crede."

Quando fu oltre la metà del versante, si fermò e ad alta voce disse:

"E se lei crede a me, allora anch'io credo a lei!".

Tirò fuori le erbe dallo zaino, le mise in bocca e cominciò a masticarle con convinzione. Deglutì tutto e sorrise.

Quando dopo meno di un'ora cominciò a vedere le case

di Daghè, qualche centinaio di metri sotto di lui, i dolori si erano affievoliti.

Sul grande prato davanti al maso lo stavano aspettando Titta e Celestino, insolitamente premurosi con lui e felici di rivederlo.

"Come va?" gli chiese il maggiore.

Lui non rispose ma con la mano fece un cenno come a dire: così così.

"Vai dentro a riposarti, che il lavoro lo finiamo noi," si offrì Celestino prendendo in consegna il gregge.

Giacomo annuì, accarezzando i due cani che lo avevano guidato.

Mentre i due fratelli portavano il gregge alla stalla degli Stufles, Giacomo si avviò alla fontana e si abbeverò, bagnandosi anche le braccia e la testa nonostante non fosse poi così caldo.

Si bagnò ancora i capelli con l'acqua gelida della fonte, poi si accorse che dalla cantina provenivano delle voci. Dal portone sbirciò all'interno e vide il nonno e Cleto che stavano scuoiando due caprioli appesi al trave. Le bestie avevano gli occhi sbarrati, il petto sventrato dai colpi e il sangue che si era coagulato nelle narici. Con un coltellaccio il vecchio Nef recise per lungo la pelle fulva delle bestie e poi la tirò strappandola alla carne, mentre Cleto versava da bere vino scuro come la notte e rideva con le gote infiammate piene di venuzze viola.

"Nonno, ho fatto il lavoro!" esclamò Giacomo affacciandosi.

"Bón!"

Fu l'unica parola che disse il vecchio.

Solo due ore più tardi, a tavola durante la cena, aggiunse una frase.

"*Kon en kolp sol no se taia na pianta*," disse. Con un solo colpo non si abbatte un albero.

Lo disse così, di punto in bianco, e poi di nuovo più niente. Si accese una sigaretta e la fumò più lentamente del solito.

Finirono di cenare e si ritirarono tutti a dormire.

I tre fratelli si coricarono nella loro camera. Dopo qualche minuto di silenzio punteggiato solo dal verso del gufo reale, Celestino chiese due volte a Giacomo se stava bene o aveva ancora male.

Giacomo non rispose mai, né la prima né la seconda volta.

Titta si levò la coperta di dosso, si alzò dal letto e andò al capezzale del fratellino.

"Giacomo!" gli sussurrò con una dolcezza nuova.

Ma Giacomo si era già addormentato.

17.

Le giornate si stavano accorciando. Da diversi giorni rondini e balestrucci avevano iniziato a svolazzare concitati per prepararsi alla grande partenza. Si posavano in grande numero sui cavi del telegrafo e della luce giù a Pieve formando lunghissime file di viaggiatori alati, uno di fianco all'altro, ala contro ala.

Quella notte fredda, il verso melodioso degli usignoli si sovrappose a quello cupo e ripetuto dei gufi reali e delle civette. Giacomo dormì profondamente e indisturbato. Sognò migliaia di capre che brucavano pacifiche l'erba del passo Sief e i due cani degli Stufles che gli leccavano il viso facendolo ridere. Poi al mattino presto la voce agitata della nonna lo svegliò di colpo.

"Titta! Titta!"

Giacomo e i suoi fratelli raggiunsero subito il ballatoio ancora avvolto dalle ultime ombre della notte.

"Oh, Signore! Titta! Celestino! Venite!" continuò la vecchia con la voce afflitta.

I tre si guardarono negli occhi ancora assonnati. Il loro respiro era breve come se avessero fatto una lunga corsa in salita.

"Nonna, sono qui!" rispose Titta precedendo i due fratelli. "Cosa c'è?" domandò sull'uscio della camera da letto dei nonni.

La porta era socchiusa e dall'interno balenava la luce della candela.

"Vieni dentro! Il nonno non si muove più..."

Titta aprì la porta velocemente. La nonna era in vestaglia, in lacrime e stava seduta sul letto con i capelli bianchi sciolti dietro la schiena. Il nonno invece sembrava stesse ancora dormendo.

Con gli occhi lucidi la vecchia fissò il marito sotto le coperte, quindi il suo sguardo si spostò sui nipoti, muti, sbigottiti.

Disse loro:

"È morto".

E si accasciò al suo fianco.

18.

La vecchia Frida rialzò la testa.

Dalla sua bocca uscirono suppliche a Dio e dagli occhi lacrime stanche e gentili.

Aprì le braccia verso i nipoti e posò nuovamente la testa sul letto, vicino ai piedi del marito. "Il nonno è morto!" gridò disperata.

"Ma cosa dici, nonna?" disse Celestino con la voce impastata dal sonno. "Non è possibile..."

"Ditemi che è uno scherzo..." aggiunse Titta con la voce rotta.

Frida si mise le mani nei capelli e poi accarezzò la testa del marito posata sul guanciale con la faccia all'insù e la bocca spalancata.

"Non si muove più, non respira..." disse riprendendo a piangere e facendosi il segno della croce.

"Angelo, non puoi lasciarmi da sola!"

"Nonno!" gridò Titta avvicinandosi al vecchio e scuotendo il corpo rigido e freddo.

Giacomo fece un passo indietro, come davanti a una fiamma libera.

I fratelli abbracciarono la nonna e lui le si avvicinò per ultimo. Le sfiorò semplicemente una mano, ne accarezzò il dorso e gli sembrò liscio, morbido, come se le rughe e la ruvidezza della pelle fossero svaniti. Gli occhi di lei sbucarono dai corpi di Titta e Celestino e puntarono i suoi. Nella penombra di quella vecchia stanza in legno di larice, la fiamma della candela faceva ondeggiare gli oggetti, i volti apparivano grotteschi, deformati, tranne quello della nonna che a Giacomo parve più mite e vulnerabile, come se la scorza dura che custodiva e proteggeva la sua anima si fosse improvvisamente disciolta.

La vecchia gli passò la mano tra i capelli biondi e lisci, senza smettere di piangere.

"Ieri sera stava benissimo..." sussurrò Celestino.

"Nonna, adesso cosa facciamo?" disse Titta.

La nonna fissò il crocifisso appeso sopra la testiera del letto, si fece il segno della croce e bisbigliò:

"*Requie eterna dona eis, Domine, lux perpetua lucea eis. Requiesca in pace. Amen*".

Titta e Celestino ripeterono la preghiera insieme a lei, mentre Giacomo fissava il vecchio steso nel letto con la bocca aperta. Il viso scavato dall'età, gli zigomi sporgenti accentuati dalla luce della candela e i baffi bianchi che in quel momento gli sembrarono gialli. Non ebbe il coraggio di toccarlo perché le cose sacre non si toccano e pensò che suo nonno, ora che era morto, era doppiamente sacro. Le sole volte che loro due si erano toccati erano state quando il vecchio lo aveva picchiato.

Come era possibile morire così, senza avvisaglie, senza alcun combattimento?

E se ci stesse prendendo in giro?, pensò.

Mentre gli altri pregavano snocciolando l'Eterno riposo e l'Ave Maria, lui gli si avvicinò e gli soffiò sulla faccia. I capelli del vecchio si mossero ma il suo volto no, immobile come un tronco schiantato a terra.

Che senso ha essere così cattivi per tutta la vita se tanto poi si muore lo stesso?, pensò.

Lo guardava e si sentiva sbigottito, confuso come quando gli capitava di arrampicarsi su una roccia e a un certo punto, in assenza di appigli, non riusciva più a salire né scendere. Nella testa di Giacomo frullavano domande come turbini di neve: poteva un uomo così rude e crudele morire senza soffrire? Meritava una fine così serena e pacifica? Giacomo si rendeva conto che i suoi erano pensieri cattivi, ma non riusciva a dominarli. Il viso del nonno appariva tranquillo come non l'aveva mai visto e nel petto di Giacomo ribollirono sgomento e serenità. Con la morte del nonno, infatti, sarebbe venuto a mancare l'asse portante, l'architrave della famiglia Nef, tuttavia senza di lui Giacomo avrebbe smesso di essere picchiato, sarebbero cessate le ingiustizie e le paure, e il bastone di nocciolo pieno di nodi avrebbe smesso di battergli sul corpo. Provò un vuoto enorme, ma non gli sembrò così doloroso. Sentì una sensazione di freddo dentro il petto, come una forte folata di vento gelido di tramontana scura, ma anche leggerezza e sollievo. Pensò a sua madre, lei sì che gli mancava tanto in ogni momento del giorno e della notte. In qualche modo intuì che la perdita del nonno avrebbe avuto conseguenze più che altro pratiche.

"Ce la faremo senza di lui?" si chiese. "Potremo stare senza di lui, nonostante tutto?"

Gli altri pregavano accanto al cadavere del vecchio e Giacomo vagava nei suoi pensieri fragili senza versare una lacrima.

"Non ti odio..." sussurrò tra sé e sé fissando il corpo del nonno, "...ma non mi dispiace affatto."

La nonna infine si fece il segno della croce e si asciugò le lacrime con un vecchio fazzoletto da naso.

"Cosa facciamo, nonna?" chiese Celestino.

Lei guardò la finestra che dava sulla vallata mentre il sole del mattino irradiava la Marmolada e i boschi intorno.

Con lo sguardo perso nei colori dell'alba bisbigliò in ladino:

"*Se sa ulà ke se nas ma no se sa ulà ke se muor.*"

Titta le prese la mano e la accarezzò.

"È proprio vero, si sa dove e quando si nasce ma non si sa dove e quando si muore. Però adesso bisogna fare qualcosa, nonna... Vado in paese a dirlo a don Floriano?"

Con lentezza la vecchia si legò il fazzoletto nero intorno

alla testa e lo annodò sotto il mento, come faceva tutte le mattine.

"Sì, vai dal parroco, prima però bisogna portare il nonno nell'*aucer* del fienile."

"Celestino, aiutami a caricarmelo sulle spalle," disse Titta.

"Tu lo prendi per le braccia e io per i piedi," rispose Celestino.

Titta annuì. Poi guardò Giacomo: "Intanto tu occupati della stalla e del pollaio, le bestie non aspettano".

Giacomo fece sì con la testa, ma rimase lì a guardare.

Titta si fece il segno della croce e sfilò le coperte dal corpo del nonno.

Sembrava molto più piccolo, fragile.

Perché avevo paura di lui? Sono più forte io. Io sono ancora vivo e lui è morto, pensò Giacomo mentre Celestino prendeva il vecchio per i piedi e le gambe già irrigidite.

"Giacomo!" gridò Titta.

"Non gridare, ti prego..." disse la nonna.

"Adesso vado, adesso vado," disse Giacomo. Forse la cattiveria del nonno, pensò facendo un passo indietro, era tutta nei suoi occhi: due pallottole nere che sembravano buchi colmi di odio, piccole tane dove si rifugiano le vipere.

Celestino e Titta tirarono su a fatica il corpo del vecchio mentre la nonna riprendeva a piangere. Lo sollevarono e se lo caricarono sulle spalle prestando attenzione a non farlo cadere o a non cadere a loro volta, quindi presero la direzione del fienile.

Giacomo rimase fermo sulla porta a guardare di soppiatto la nonna.

"Vai, ora vai!" gli disse lei scorgendone l'ombra lunga oltre la porta. "Lasciami sola, voglio rimanere ancora un po' qui..." e prese la corona del rosario cominciando a sgranarla.

Allora Giacomo andò a mungere le vacche, a dar da mangiare ai maiali, a raccogliere le uova delle *pite*.

Titta e Celestino legarono frettolosamente *Ey de Net* al carro e vi salirono. Giacomo li guardò dal pollaio, con le mani aggrappate alla rete di cinta arrugginita. Rimase immobile a osservarli mentre si allontanavano concitati. Li seguì con lo sguardo fino a quando scomparvero dietro la collina e poi nel bosco. Girò la testa verso la Marmolada, già illuminata dal sole di un giorno terso ma molto più fresco dei precedenti.

Siamo avanti di un mese, pensò, e il nonno è morto.

A bassa voce cominciò a ripetere questa frase – "il nonno è morto" – come se il solo fatto di pronunciarla ne confermasse la verità e al tempo stesso ne esorcizzasse la portata. Il verso della poiana ruppe il silenzio del cielo. Il ragazzino alzò lo sguardo e avvertì ancora vivo il dolore delle botte di qualche giorno prima. Invidiò quella poiana: sola, alta tra la terra e le nuvole, indifferente e ignara di tutto ciò che accade tra gli uomini. Poi si chinò e cominciò a raccogliere le uova fresche, alcune con il guscio bianco, altre più scuro. Le sistemò con cura nel panno dentro la cesta e uscì dal serraglio.

Nel frattempo Titta e Celestino scendevano a valle senza dirsi una parola. Titta teneva le redini del cavallo e procedeva lungo la strada bianca che aveva percorso migliaia di volte. Pensava al viso del nonno, così composto e pacifico come se la morte l'avesse colto nell'unico momento felice della sua vita, un istante fugace di rilassatezza. Non riusciva proprio a togliersi dalla mente quel volto e adesso, come se non bastasse, era lui l'uomo di casa. Un nuovo capofamiglia.

Celestino gli stava seduto a fianco, pieno di sonno, stordito come una mosca in novembre e l'ansia di chi piano piano si rende conto che ciò che sta vivendo non è un sogno. Una verità definitiva, irrimediabile, di quelle che cambiano la vita per sempre. Sentì il cuore battere forte e il fisico indebolirsi a mano a mano che il carro procedeva sussultando tra buche e sassi facendolo ballonzolare come un sacco d'avena.

"Adesso cosa succederà?" disse guardando un punto vuoto davanti a sé quando sotto di loro iniziarono a scorgere le prime case del paese.

Titta sbuffò.

"Non lo so... Intanto andiamo dal prete."

Dopo essersi occupato delle bestie, Giacomo raggiunse la nonna.

Si avvicinò alla porta socchiusa da cui usciva il barlume caldo della candela.

"Nonna..." disse piano.

Nessuna risposta. Allora portò l'orecchio alle assi della porta e udì la sua voce recitare il rosario tra i singhiozzi.

Pensò che il suo dolore doveva essere gigantesco, come il suo quando era morta la mamma. Il nonno e la nonna erano sposati da una vita intera e lui non riusciva nemmeno a immaginarli separati, l'una senza l'altro.

"Nonna!" ripeté. Ancora niente.

Giacomo staccò l'orecchio, scese le vecchie scale cigolanti e andò a sedersi per un po' sui gradini di porfido dell'ingresso. Poi si alzò di scatto, entrò nel fienile e salì fino all'*aucer* dove era stato deposto il nonno. Gli si avvicinò piano e quando gli fu a un paio di metri di distanza si fermò. Non gli sembrava più lui, bensì un'altra persona, addirittura una cosa, non più un essere umano. Fece dietrofront e ridiscese velocemente le scale rischiando di cadere.

Di nuovo all'aperto respirò a fondo. Si grattò la testa, si sfiorò la spalla e il braccio sinistro con una mano. Gli facevano ancora male, anche se giorno dopo giorno il dolore si stava tramutando in prurito e il viola dei lividi si stava riassorbendo.

Si sentì disorientato come quando anni prima, in un giorno di nuvole basse, si era perso in un bosco di betulle.

Il silenzio intorno alla casa era irreale, come se l'aria fosse sospesa in attesa di un forte temporale. Entrò in cucina, si sedette a tavola e guardò il posto a capotavola del nonno.

"Non ci sei più," mormorò.

Osservò la sedia del vecchio e il suo bicchiere rimasto sul tavolo dalla sera prima, bicchiere che era solito riempire di Teroldego trentino che gli procurava Cleto in cambio di miele, frumento e legna da ardere. Il vetro era opaco e violaceo.

Giacomo si voltò verso la dispensa e gli venne una tentazione.

Titta e Celestino giunsero a Pieve di Livinallongo, attraversarono le vie con lo sguardo basso e in breve raggiunsero la piazza principale. Sistemarono il carro, impastoiarono il cavallo e si diressero alla canonica.

Il parroco fu sorpreso di vederli insieme e a quell'ora del mattino.

"Sia lodato Gesù Cristo, don Floriano," dissero all'unisono quando il sacerdote aprì l'uscio.

"Sempre sia lodato," rispose il prete. "Come mai siete qui?"

Celestino guardò Titta affinché fosse lui a parlare.

Quest'ultimo prese fiato e disse:

"Il nonno è morto".

Il prete si sbalordì, ma la sua faccia si fece subito seria. Alzò il viso al cielo, chiuse gli occhi e si fece il segno della croce.

"E come è morto?"

"Nel sonno," disse Titta. "Stamattina la nonna si è svegliata ma lui no..."

Il prete si fece un altro segno della croce, poi si voltò verso il campanaro:

"Adolfo! Campane a morto, subito! *El vègio* Nef ci ha lasciati!".

Quindi si rivolse di nuovo ai giovani:

"Intanto andate da Sisto, ci vediamo qui tra mezz'ora che salgo con voi per benedire la salma. Stasera faremo la veglia funebre".

Rientrò nella canonica chiudendo la porta dietro di sé.

I due ragazzi rimasero lì impalati e solo in quel momento si accorsero di aver sperato in una parola di conforto, in un gesto di compassione. Si diressero a piedi da Sisto Dal Mas, il falegname che da sempre costruiva le bare per i defunti di tutta Fodòm.

"Non era certo una brava persona," disse questi, appresa la notizia, "ma mi dispiace comunque. Che Dio lo perdoni. Condoglianze a voi e alla vostra povera nonna."

Quindi abbassò i vecchi occhiali sul naso e guardò Celestino scrutandolo dalla testa ai piedi.

“Era grande più o meno come te, vero?” gli chiese.

Il ragazzo deglutì. Poi annuì.

Sisto gli prese le misure con un metro di legno, mentre Celestino sentiva lo stomaco torcersi e ribellarsi.

Quando uscirono dalla bottega l’aria sopra il paese era inondata dai rintocchi funebri delle campane che riecheggiavano in tutta la vallata di Fodòm, e la voce della morte di Angelo Nef aveva già iniziato a circolare tra le vie di Pieve più veloce di un vento di burrasca.

Giacomo aprì la credenza e vide il bottiglione di vino del nonno. Era quasi pieno perché la sera prima aveva travasato la damigiana che gli aveva portato Cleto prima della battuta di caccia.

Afferrò il bottiglione con due mani, riempì il bicchiere del nonno che stava sul tavolo e ingurgitò il vino tutto d’un fiato. Nonostante i brividi acidi che gli fecero vibrare il corpo e la forte stretta allo stomaco, riempì il bicchiere una seconda volta e bevve, inorridito dal gusto velenoso di quella sostanza. Strinse i denti e ripeté il gesto una terza volta, mentre iniziava a provare una nausea potentissima e un senso di vertigine si impadroniva della sua testa. Prima di cascare per terra come un acero schiantato dall’accetta, riuscì a riporre il bottiglione al suo posto e uscire.

Il mondo gli sembrò blu come il colore del vino e gli pareva che le montagne intorno girassero senza sosta. I versi dei balestrucci che si preparavano a lasciare le Alpi arrivavano distorti, così come quelli delle cince e delle allodole. Cadde a terra, gli venne da vomitare, si rialzò e andò al *fistìl.* Immerse la testa nell’acqua fredda per due volte e poi caracollò per qualche decina di metri finché giunse dietro il fienile, dove i suoi fratelli si nascondevano per fumare. Lì si lasciò cadere a terra, sull’erba schiarita di fine estate e cominciò a piangere, senza nemmeno sapere perché. Gli passarono per la testa i volti di sua madre, di suo nonno e quello disperato della nonna. Poi fu travolto dal ricordo dell’impiccato nel bosco e da quello dei *mader* affogati dal nonno proprio nel *fistìl* dove aveva appena cercato conforto.

Si accasciò a terra e vomitò vino, incubi e angosce mescolati nello stesso dolore.

Quando Titta e Celestino uscirono dall'abitato di Pieve insieme al prete che stava seduto sul carro recitando Pater, Ave, Gloria e Requiem aeternam, il cielo e un sole tiepido avevano iniziato a coprirsi di un sottile strato di cirri rendendo la luce soffusa e opaca.

Al maso, i due Nef fermarono *Ey de Net* e chiamarono Giacomo più volte per affidargli il carro, ma all'ennesimo tentativo senza risposta Celestino fu costretto a occuparsi del cavallo, invece Titta accompagnò don Floriano nell'*aucer* del fienile. Il prete si avvicinò al cadavere e ne constatò la morte, indossò la stola, mentre anche Celestino li raggiungeva, e benedisse il corpo con l'acqua santa pronunciando sottovoce il De profundis. Poi scesero tutti e tre per raggiungere la vedova, rimasta esattamente dove l'avevano lasciata.

"È passato a vita migliore, Frida," disse il prete. "Che Dio lo accolga nell'alto dei cieli," e la benedisse.

Frida non fece neanche il tentativo di sollevarsi, si lasciò scivolare a terra fino a inginocchiarsi ai piedi del parroco, il quale fece un passo indietro, ben attento a non toccarla.

"Non si è mai pronti, don Floriano... Anche se si è vecchi non si è mai pronti..." singhiozzò lei.

"*Estote parati quia nescitis diem neque horam*," rispose il prete con grande distacco. Poi aggiunse:

"Stasera alle sei faremo la veglia funebre, Sisto Dal Mas è già all'opera e anche la comunità è stata avvisata dalle campane. Ora devo scendere. Bisogna anche informare il Comune, meglio che il maggiore dei nipoti venga con me".

La donna questa volta riuscì a mettersi in piedi e ad asciugarsi le lacrime.

"Vai col prete," disse a Titta.

"Sì, nonna."

Frida fece cenno a una vecchia madia appoggiata alla parete sotto lo specchio:

"I documenti di tuo nonno sono lì dentro, nel primo cassetto".

Titta si avvicinò al mobile di tasso, aprì con delicatezza il cassetto e rovistò fra le carte finché trovò i documenti di Angelo Nef.

Il prete benedisse ancora la casa e la vedova.

"Sia lodato Gesù Cristo," mormorò la nonna.

"Sempre sia lodato," rispose il prete. "Stasera alle sei!" ripeté in ultima.

I due ragazzi abbracciarono la nonna e non riuscirono a trattenere le lacrime.

"Ci vado anch'io!" esclamò Celestino.

La nonna annuì e un attimo dopo aggiunse:

"Dov'è Giacomo?".

"Sarà qui in giro..." disse Celestino.

Giacomo era riverso sul prato dietro il fienile. Nonostante avesse svuotato lo stomaco, improvvisi spasmi e conati si alternavano a momenti di mancamento. Stava per lo più disteso con la faccia all'insù e gli occhi chiusi per non guardare nulla di quel mondo, nemmeno le sue amate montagne e il cielo che si stava coprendo velocemente. Nel cantuccio dove si era nascosto, tra la catasta di legna e il grande tabià, nessuno poté scovarlo, tanto meno i Carabinieri e il medico di Caprile che, chiamati dal parroco, giunsero al maso Nef verso mezzogiorno per vedere il cadavere del nonno e registrarne ufficialmente il decesso per cause naturali, autorizzandone quindi la sepoltura.

Nessuno lo cercò. Rimase lì per ore contorcendosi per i crampi allo stomaco e l'emicrania, parlando, blaterando improbabili ricordi sovrapposti a desideri impossibili, ogni tanto sonnecchiando. Poi si addormentò davvero e si risvegliò nel tardo pomeriggio, poco prima della veglia funebre. La testa gli scoppiava e aveva la bocca e la gola secche come il nido di un merlo.

Si alzò che ancora gli girava la testa e i suoi pensieri vennero subito travolti dalla realtà. Udì delle voci provenire dal cortile di casa e capì che non erano quelle dei suoi fratelli o dei nonni. Gli tornò in mente tutto e gli mancò il fiato. Si sedette e respirò a fondo. Contò fino a cinque e si rialzò a fatica, quindi piano piano si mosse verso il *fistìl* con un giro largo per non farsi vedere da nessuno, si lavò il viso e i polsi con l'acqua gelida del Ruàz e finalmente gli sembrò di riprendersi dal torpore.

Gettò lo sguardo alla casa. C'erano diverse persone e molte altre stavano arrivando a piedi dal paese.

Raggiunse la corte mentre i paesani facevano le condoglianze alla nonna, che non smetteva di piangere e veniva tenuta a braccetto dalla signora Stufles.

"Dov'eri finito, scemo? Il nonno lo abbiamo sistemato da soli, potevi darci una mano almeno a tirarlo giù!"

Giacomo si voltò e Titta lo guardò con sprezzo.

Il fratello maggiore era bianco in volto e aveva i capelli arruffati.

"Ti sembra il momento di sparire così?" gli disse severo.

Giacomo abbassò lo sguardo.

"Scusa..." mormorò. "Cosa posso fare?"

"Adesso niente! Lo abbiamo già sistemato nella bara con Dal Mas. Gli Stufles lo hanno vestito e profumato con olio di cirmolo."

Celestino aveva gli occhi gonfi di lacrime e sfinimento. Si avvicinò, lanciò un'occhiataccia al fratello minore, poi disse:

"Andiamo dalla nonna, stiamole vicini".

La gente ammassata sull'aia parlottava a bassa voce ed erano soprattutto le donne ad avvicendarsi per fare le condoglianze alla vedova, mentre gli uomini stavano per lo più in disparte a confabulare col cappello in mano. Tra questi c'erano anche Sisto Dal Mas, Cleto, il padre di Teresa, quello di Umberto, quello di Lucia e anche quello di Albertino.

Don Floriano si avvicinò alla nonna e richiamò l'attenzione. Recitò un Pater e invitò i presenti a entrare in casa. Ammassandosi nella stube, sulle scale e sul ballatoio, tutti poterono vedere il defunto deposto nella bara provvisoria e avvicinarsi a lui a turno per porgergli un ultimo saluto con il segno della croce.

La nonna piangeva, mentre Titta la sosteneva con le sue braccia forti.

Anche Celestino piangeva.

Giacomo invece chiuse gli occhi e pensò a dove potesse trovarsi in quel momento l'anima di suo nonno, se mai fosse esistita.

Che fosse tra le nuvole? O in cima al Pelmo o al Civetta? E se invece fosse finita sottoterra, tra le pietre e il fango che attendevano di ricevere anche il suo corpo?

Il prete benedisse la salma, recitò il De profundis, il Requiem aeternam, i quindici misteri, le litanie e il rosario, quindi iniziò a parlare della morte e della vita eterna. Giacomo, con lo stomaco che ancora gli bruciava e si contorceva, perse presto il filo del discorso. Il parroco procedette con l'aspersione dell'acqua santa e Dal Mas caricò la salma sul suo carro per trasportarla giù al paese, in attesa del funerale previsto per il giorno seguente.

Si udì forte il grido della civetta.

Anche quello dell'allocco riecheggiò più volte.

A quel punto se ne andarono tutti lasciando soli Frida e i suoi tre nipoti mentre le tenebre scendevano su Daghè e su tutta la vallata di Fodòm.

19.

Quella notte nessuno dei Nef riuscì a prendere sonno.

Tra le mura di casa, di stanza in stanza, di letto in letto, il pensiero del vecchio Angelo soffiava come un vento forte che incontra finestre aperte.

La nonna allungava una mano o un piede nella vana speranza di toccare e sentire il corpo di suo marito.

I tre fratelli conoscevano bene il sentimento del lutto. Titta, Celestino e Giacomo avevano già imparato che la morte faceva parte della vita, era l'ombra che l'accompagnava fin dalla nascita, e che questo valeva sia per gli uomini sia per gli animali, per la natura tutta. Eppure lo smarrimento di fronte alla perdita del nonno, il capofamiglia, apriva timori e preoccupazioni nuove.

Non appena Titta chiudeva gli occhi veniva colto dall'angoscia per la responsabilità. Celestino aveva il terrore di morire anch'egli durante il sonno. Giacomo continuava a pensare al corpo del nonno senza vita, i suoi occhi vitrei, i baffi ispidi come il pelo di un camoscio con la rogna, e quelle sue dita contorte e rigide, con le nocche uguali ai nodi del bastone di nocciolo col quale lo batteva.

Nessuno di loro tre chiuse occhio fino alle prime luci del giorno, quando sentirono che la nonna si stava alzando dal letto. La trovarono vestita a lutto: calze, lungo abito tradizionale di lana, fazzoletto in testa e grande scialle. Nera dalla testa ai piedi sembrava una cornacchia solitaria. E, anziché mangiare, aiutarono la nonna a fare il pane da donare ai presenti alle esequie, come voleva la tradizione. Bevvero una tazza di latte, poi ciascuno si occupò di una mansione precisa: al maggiore toccò la stalla con le vacche e il cavallo, al mediano il porcile e al minore il pollaio.

Mentre elargiva il becchime a polli e galline, ramazzava la lettiera e raccoglieva le uova, che erano molto poche rispetto ai giorni precedenti, Giacomo pensò che da quando era morta la mamma e la sorte lo aveva affidato ai nonni, quello era stato il suo primo risveglio mattutino senza grida, minacce, offese o botte. Era molto presto, il colore dell'aria era ancora blu e una strana quiete ammantava Daghè, come se dalle pendici del Col di Lana fossero scesi gli spiriti dei *salvàns*, gli esseri silenziosi che popolano le foreste ai quali nulla sfuggiva degli uomini.

Raccolse le uova, le depose nella solita cesta e rientrò in casa per consegnarle alla nonna, poi si sedette sugli scalini di fuori e attese che anche i fratelli terminassero il loro lavoro.

Quando anch'essi furono pronti, andarono insieme a lavarsi le mani e il viso, poi rientrarono in camera e si prepararono per il funerale. Indossarono *sarner*, pantaloni della festa e infine il cappello tirolese in feltro. Giacomo e Titta legarono *Ey de Net* al carro. Erano pronti per partire.

Mentre aspettavano che la nonna uscisse di casa accompagnata con premura da Celestino, Giacomo ebbe un sussulto improvviso, scese dal carro e, veloce come un camoscio tra le rocce, corse nella stalla e si fiondò all'angolo del muro scrostato dove il nonno teneva appesa la pesante chiave. La afferrò, fece il giro della vecchia casa e del tabià, fino ad arrivare davanti al portone della stanza delle mele. Quando fu dentro, sollevò uno degli assi che mascheravano il suo nascondiglio segreto. Afferrò la piccola schirata di legno che aveva da poco intagliato, la mise sotto il *sarner* e tornò rapidamente al carro.

"Cosa è successo?" gli chiese Titta.

"Niente, niente..."

Poi il maggiore, con un tono insolitamente dolce e triste, disse:

"Giacomo, ti rendi conto che non lo rivedremo più?".

I suoi occhi si fecero lucidi. Giacomo non gli rispose ma sentì nel petto un peso enorme, come se avesse inghiottito un sasso di quelli tondi che stanno sul fondo del torrente Ruàz. Si tolse il cappello e si grattò la testa, poi portò lo sguardo sui puntali logori delle scarpe.

Quando la nonna e Celestino furono con loro sul carro, imboccarono la strada bianca che si infilava in discesa tra le peccete e avanzarono lentamente verso Pieve di Livinallongo.

Al camposanto e alla chiesa parrocchiale, insieme a don Floriano erano già molte le persone presenti che li videro arrivare. Tra la folla, Giacomo intravide alcuni suoi amici, tra cui Teresa. Fece finta di non vederli.

Mancava ancora mezz'ora alla funzione religiosa, ma prima del funerale bisognava chiudere la bara.

Sisto Dal Mas e Leopoldo Chizzali avvolsero il corpo del nonno in un lenzuolo e lo deposero dentro la cassa da morto, in legno di abete rosso ben stagionato. Soltanto il volto e le braccia rimasero scoperti.

Il prete invitò a cantare con lui e i chierichetti cominciarono a bruciare incenso e mirra. Don Floriano benedisse la bara con l'acqua santa e recitò il Requiem. Poi ci fu silenzio.

Dal Mas e Chizzali sollevarono lentamente il coperchio di legno, ma prima che la cassa venisse chiusa per sempre, Giacomo tirò fuori dal *sarner* la piccola scultura in legno e la depose sul petto del nonno.

La nonna strinse Giacomo a sé, e i due uomini ripresero il loro lavoro. Posarono il coperchio e lo inchiodarono con forti colpi di martello facendo scomparire per sempre il volto e il corpo di Angelo Nef.

Fu il momento delle lacrime. Anche Giacomo pianse.

Pensò a quanto fosse strano seppellire il nonno mentre sulla propria carne era ancora vivissimo il dolore delle botte che questi gli aveva dato. Lui era morto, ma la sua violenza no. Per questo Giacomo pianse, ma nessuno poté capirlo.

Guardò la cassa mentre Dal Mas picchiava duro sui chiodi da dieci centimetri. Dopodiché non sentì più niente e volò via coi suoi pensieri per tutto il tempo della cerimonia funebre.

Solamente al camposanto si riscosse, quando Chizzali e Dal Mas conficcarono con forza una croce di abete rosso davanti alla tomba.

Su di essa campeggiava una tavoletta:

Angelo Nef
n. 25-12-1881
m. 06-09-1954

Allora Titta porse una sacca alla nonna, che iniziò a distribuire dei tozzetti di pucia nera.

Molti la abbracciarono ancora.

"Hai tre nipoti giovani e forti, sapranno badare a te, ai boschi e ai campi," le disse con affetto la signora Kerer, sua coscritta rimasta vedova due anni prima. "Sei fortunata, Frida, credimi."

Frida non piangeva più, ma nemmeno parlava o rispondeva alle domande e al conforto di chi tentava di rincuorarla in qualche modo. Assente e curva su se stessa, invecchiata di altri dieci anni in un solo giorno, guardava alla tomba dove era sepolto il marito e muoveva appena le labbra come se volesse parlargli.

Il prete se ne andò coi chierichetti e la gente iniziò a disperdersi lentamente, mormorando sempre più forte per finire a parlottare e qualcuno anche a raccontarsela, talvolta perfino ridendo. Giacomo sentì qualcuno bisbigliare cose brutte sul conto di suo nonno e tra queste gli sembrò di udire anche le voci di Dal Mas e Dariz.

"E a me chi me lo paga il lavoro?" disse il primo.

"Lo dici a me?" rispose il secondo, che faceva il mugnaio appena fuori Arabba. "Dal *vègio* Nef io avanzo ancora dei quattrini per la farina dell'anno scorso."

Giacomo chiuse gli occhi e avvertì una stretta alla bocca

dello stomaco simile a quelle del giorno prima, quando aveva vomitato per un'ora.

"Se è per questo anch'io," disse Cleto aggiungendosi al gruppetto. "Ma non è il momento... nei prossimi giorni mi farò vivo con la vedova."

Giacomo si scostò per non sentirli e andò da sua nonna, la abbracciò forte come non aveva mai fatto.

I Nef presero le loro cose e si diressero verso il carro. Si sentivano esausti come se avessero spaccato e accatastato legna giorno e notte per una settimana di fila.

Titta aiutò la nonna a montare sul cassone e poi prese posto sulla seggetta brandendo le redini del cavallo. Celestino salì a sua volta e si sistemò vicino alla nonna, semidisteso con la faccia rivolta verso il cielo. Ultimo montò Giacomo, si mise dietro.

Ey de Net ripartì facendo scalpitare gli zoccoli sul porfido della piazza, mentre alcuni curiosi continuavano a guardarli.

Risalirono la strada che conduceva a Palla e Daghè in silenzio, ascoltando il rumore delle ruote che cigolavano e sussultavano sui ciottoli della strada. Entrarono nel bosco di faggi e poi nella grande peccceta che finiva dove iniziavano i prati del Col di Lana. Poco a poco Giacomo iniziò a sentirsi in colpa per la morte del nonno, come se nelle pieghe più segrete del suo respiro avvertisse una relazione tra la scoperta dell'impiccato del bosco e la morte del suo vecchio. Camminando scorse qualcosa dietro alcuni abeti bianchi, un movimento improvviso. Non disse nulla ma guardò meglio alzandosi sul busto. Nascosta tra gli alberi vide la figura di Katharina Thaler. Vestita come sempre, sembrava una vecchia cavernicola di quelle raffigurate nei fumetti di Bufalo Bill e Roland Eagle. Dopo aver incrociato il suo sguardo, la vecchia accennò un inchino. Poi scomparve con l'agilità di una lupa.

Giacomo si tolse il cappello e si grattò la testa. Si chiese se l'avesse vista davvero o se si fosse trattato di un'allucinazione.

Prima di mezzogiorno giunsero al maso e, dopo due giorni di cielo coperto, il sole cominciò a percolare lo spesso strato di nuvole grigie irradiando i prati e le vette delle montagne.

Sistemarono il carro, si cambiarono i vestiti e fecero ordinariamente tutto ciò che andava fatto durante il mattino di ogni giorno che Dio mandava sulla terra.

Poi rientrarono in casa e si sedettero a tavola, ognuno al proprio posto.

Nessuno di loro però aveva appetito e nessuno mangiò.

La nonna mise un ceppo di faggio nella stufa.

"Lo rivedremo ancora, figlioli..." disse.

Giacomo provò un brivido lungo la schiena. Guardando le fiamme nella stufa, la nonna continuò a parlare lentamente, con una voce che non sembrava più la sua:

"Gli spiriti dei defunti si scorgono spesso. Reggono la lanterna e nelle notti più profonde si aggirano attorno alle case dove avevano dimora o nei pressi delle baite lasciate andare in rovina...".

Detto questo uscì dalla *stua*, salì le scale e si chiuse in camera.

I tre fratelli rimasero soli per la prima volta e si guardarono preoccupati, poi Titta si rivolse in malo modo a Giacomo.

"*Macaròn!*" lo offese. "Oggi ci pensi tu ad accatastare la legna dietro il pollaio!"

"E quando hai finito devi anche lustrare le scarpe buone!" rincarò la dose Celestino.

Titta gli lanciò un'occhiataccia.

"Quando parlo io, tu stai zitto!"

A Giacomo sembrò che Titta avesse già preso il posto del nonno. La sua mansuetudine nei suoi confronti era durata il tempo della morte, della veglia e del funerale del vecchio.

"E va bene..." disse Giacomo. "Però quando ho finito mi lasciate in pace!"

"Sì, ma fallo subito, che il sole mangia le ore," disse Titta.

Giacomo si occupò di svolgere i suoi compiti e infine si stese sul prato dietro casa.

La nuvolaglia aveva liberato dalle sue grinfie la Marmolada, che ora appariva più maestosa che mai.

Tutto finisce, ma le montagne no, pensò chiudendo gli occhi e mettendosi all'ascolto dei fringuelli e dei verzellini che si rincorrevano da un *àier* all'altro come se non avessero di meglio da fare che divertirsi tutto il tempo. Giacomo notò che i frutti selvatici appesi ai rami degli alberi stavano maturando rapidamente e anche le mele erano quasi pronte per essere raccolte.

Si toccò la tasca dove aveva riposto la chiave. La strinse forte nella mano e disse:

"Ora la stanza delle mele è mia!".

Quella che era sempre stata la sua prigione, quello che era sempre stato il luogo della sua sofferenza e dei suoi castighi, adesso sarebbe diventato il suo nascondiglio e il suo rifugio. Il suo laboratorio di scultura.

Strinse la chiave ancora più forte e gli sembrò di avvertire un'energia incredibile irradiarsi nel corpo. I pensieri nella testa gli si fecero più lucidi. Si sentì coraggioso.

Si stupì egli stesso della propria convinzione e di una forza di volontà che non aveva mai creduto di avere. Tenendo quella chiave stretta nella mano sentiva di possedere un nuovo vigore.

20.

Riuscì a prendere sonno soltanto nel pieno della notte, quando finalmente cessò l'ululato dei lupi che proveniva dai boschi circostanti e anche nella sua testa svanirono le immagini del funerale.

Si tirò su presto e scese le scale. Incrociò la nonna nella *stua*, pregava ad alta voce e faticava a ravvivare le fiamme nella *césa da fuoch*. Con una lunga pinza in ferro battuto rimestava cenere e legno combusto alla ricerca di qualche tizzone ancora acceso e con il mantice vi soffiava sopra, spandendo nell'aria della stanza odore di fumo e carbone.

Celestino era seduto a tavola in silenzio, con lo sguardo perso dentro la tazza di latte. Giacomo salutò entrambi, recuperò del pane e del burro e prese il suo posto. Guardò a capotavola. L'assenza del nonno gli sembrò l'eco infinito di una valanga, una di quelle rovinose che ogni inverno scendono dal Col di Lana travolgendo tutto ciò che trovano.

Udì i passi di Titta in casa, subito dopo lo vide entrare nella stanza. Senza nemmeno salutare, il fratello maggiore puntò subito Giacomo:

"Sai già cosa devi fare stamattina".

Giacomo annuì senza guardarlo, mentre la nonna riuscì infine ad accendere una fiammella sopra la quale ripose prontamente dei rametti secchi che avvamparono in pochi istanti.

Dopo aver mangiato un pezzo di pane imburrato e bevuto del latte, Giacomo uscì di casa, infilò i guanti e andò dietro il pollaio per accatastare sul muro di pietra i ciocchi di abete rosso. Senza pensarci troppo, cominciò a gran ritmo e non si fermò più se non per asciugarsi il sudore dalla fronte. Un pezzo dopo l'altro, in tre ore eresse una catasta perfetta. Andò al *fistìl* per lavarsi le mani e il viso con l'acqua gelida, salì in camera per indossare il *sarner* e, senza dire niente, corse giù al paese senza mai fermarsi.

Arrivato al cimitero di Pieve, raggiunse la tomba del nonno e si parò davanti alla croce.

Non gli sembrava vero che il vecchio fosse lì ai suoi piedi, un metro sottoterra. Si figurò il suo volto e le mani decrepite che stringevano al petto il piccolo scoiattolo di legno. Si inginocchiò e guardò i fiori riposti sulla tomba, poi sfiorò il cumulo di terra fresca, ne prese una manciata e la strofinò tra le mani, pensando che alla fine tutto torna alla terra.

Sentì che qualcuno gli stava tirando la manica della giacca.

Era Isidoro, e al suo fianco c'era anche Umberto.

"Ciao," gli disse il primo rimanendo attaccato alla manica del *sarner*.

"Mi dispiace per tuo nonno... comunque tra qualche giorno ricomincia la scuola e allora ci possiamo vedere tutti i giorni. Sai come ci divertiamo a prendere in giro la maestra Luigia? Stiamo ancora in banco assieme, vero? Me lo prometti?"

Umberto sghignazzò:

"No, Giacomo vuole stare con la Teresa...".

Con uno scatto Giacomo si liberò dalla presa del compagno e si voltò dall'altra parte, ignorandoli entrambi. Un istante dopo udì la voce di Teresa alle sue spalle.

"Giacomo, non sono stata io, mi devi credere! Non ho svelato io il segreto dell'impiccato!"

Lui si voltò. Era assieme a Maria. Nei suoi occhi vide tanta tristezza. Le lanciò uno sguardo di disprezzo e si girò di nuovo verso la tomba. Lei insisté:

"Se non vuoi parlarmi adesso ti posso capire, ma quando inizia la scuola ti spiego tutto".

Giacomo rimase in silenzio per un po', dopodiché guardò di nuovo alle sue spalle e vide che i suoi compagni non c'erano più. Erano lontani, stavano andando allegramente verso la piazza del paese. Teresa invece era rimasta sola, ma li seguiva da lontano, con un passo lento e indeciso.

"Mi avete tradito," gridò forte Giacomo. "Anche tu, Teresa. Soprattutto tu. E adesso qualcuno in paese già dice che *mi porte desfortuna come un corf de ciàmp.*"

Lei si girò e si fermò, come per aspettarlo.

"Non è vero che porti sventura! E poi, se proprio vuoi saperlo, credo che nemmeno i corvi sui campi la portino, hai capito?" Lui le diede nuovamente le spalle, tornando a osservare la croce conficcata sulla tomba e, in fondo alla vallata, il Civetta.

Una voce nella sua testa gli disse che avrebbe dovuto chiudere un cerchio, e che per esorcizzare una volta per tutte le sue paure avrebbe dovuto trovare il coraggio di tornare lassù. Nel punto dove aveva visto il morto impiccato. Sì, doveva compiere il rito, lo stesso della *schirata* sigillata per sempre nella bara del nonno, lo stesso col quale si era impossessato della stanza delle mele.

"Domani tornerò nel *Bosch Negher*!" esclamò ad alta voce.

21.

Accadde all'incirca verso le tre del pomeriggio dell'indomani.

La nuvolaglia dei due giorni precedenti era scomparsa, come evaporata, per far posto a una splendida giornata settembrina, fresca e luminosa.

Al mattino Giacomo si tirò su presto come sempre, ammirò dalla finestrella della camera le pareti rosa e celesti delle montagne. Sospirò come se volesse dir loro qualcosa o si aspettasse delle risposte e scese nella *césa da fuoch*. La nonna era già lì, seduta nel cantuccio accanto alla stufa ardente. I ceppi di faggio e di abete rosso crepitavano e scoppiettavano, dalla vecchia invece non uscì un suono. Giacomo addentò del pane controvoglia e si stropicciò gli occhi sbirciando gli sguardi dei fratelli.

Si dedicò a badare al pollaio e anche alle due vacche nella stalla, mentre i suoi fratelli raccoglievano *sansoni*, le patate che erano state piantate in aprile e che quell'anno erano particolarmente sode e numerose. Dopo il pranzo, durante il quale la nonna pronunciò soltanto un paio di frasi incomprensibili, Giacomo diede una mano a Titta e Celestino, prima strappando le erbacce intorno alle piante di patate rimaste ancora sottoterra, poi raccogliendo i tuberi e infilandoli al buio dei sacchi di juta.

C'è chi nella terra entra, e chi dalla terra esce, pensò

estraendo i bellissimi *sansoni* rossi che sarebbero poi stati conservati al fresco della cantina.

Quando Giacomo ebbe finito si disse che era arrivato il momento buono.

Doveva compiere quel gesto per se stesso, e anche per il nonno.

Recuperò il vecchio zaino militare e una borraccia, che riempì al *fistìl*. Guardò alle sue spalle, in alto, verso il Col di Lana che in quel momento era illuminato dai raggi del sole. I crochi bianchi e lilla sparsi sui prati erano così tanti che sembravano stelle in un cielo verde.

Si sistemò meglio sulle spalle le bretelle dello zaino e prese a risalire a zig zag il pendio erboso tra i fiori autunnali.

In breve raggiunse il *Triòl dei Mòrc.*

Pensò che se per secoli quel sentiero aveva rappresentato la lunga via per la sepoltura intrapresa ogni primavera dalle comunità montane, quel giorno per lui assumeva un significato nuovo. Tagliò in due il sentiero, avanzando sicuro verso la sua destinazione. Dopo un po' si fermò per riprendere fiato, si chinò in avanti e mise le mani sulle ginocchia respirando a fondo. Guardò il paesaggio intorno a sé. Il verde era ovunque sempre più spento e di rondini e balestrucci non se ne vedevano più. In tre giorni erano partiti tutti per il sud lasciando le Dolomiti fino alla primavera successiva.

Duecento metri sotto di lui, scorse un capriolo. Anche lui stava già cambiando colore del pelo: dal rosso fulvo dell'estate stava iniziando una muta che lo avrebbe portato a diventare bruno e grigiastro.

Bevve un po' d'acqua, poi continuò a inerpicarsi senza sosta prendendo la direzione del castello di Andraz. Dopo aver attraversato altre due radure disseminate di piccoli cirmoli e qualche mugo, si trovò finalmente davanti al Bosco Nero. Sopra i cimali degli abeti rossi e dei larici svettavano il Lagazuoi e la Tofana di Rozes.

"L'ho detto e lo farò..." esclamò indicando la prima delle due montagne come se qualcuno fosse in ascolto.

"Un giorno salirò là sopra!"

Si fermò un solo attimo per tirare di nuovo il fiato, poi si avvicinò ai margini della selva scura e vi si addentrò con un passo cauto e il cuore che gli scoppiava nel petto.

Non devo fermarmi..., si disse. Entro, vado fin lì ed esco subito.

Cercò di ricordare la posizione precisa, scalpicciando sul terreno pieno di foglie secche e ramaglie.

Gli scappava la pipì ma non ci badò.

È incredibile come in pochi giorni lo stesso bosco possa cambiare così tanto da sembrare un altro posto..., si disse a voce alta per darsi coraggio.

Cercò e cercò ancora, girando intorno e spostandosi su e giù per il versante scosceso di quella foresta fitta e nera come la penombra del crepuscolo. Infine vide un grande sasso spigoloso ai suoi piedi e si ricordò di averlo visto anche l'ultima volta che si era recato lì.

Ebbe paura. Un brivido gli percorse il corpo dalla base dei capelli fino alle ginocchia. Ma la dominò. E risalì di dieci piccoli passi. Nonostante fosse una bellissima giornata di sole, la luce che filtrava tra i rami era molto poca e doveva stare attento a dove metteva i piedi per non inciampare e cadere verso valle.

Fatti altri passi si fermò ancora. Alla sua sinistra scorse un fungo dalle dimensioni enormi. Non un fungo qualsiasi, un *fonk da le móše.* Un'amanita muscaria così grande non l'aveva mai vista.

"Dove c'è quel fungo, lì vicino si nasconde o è passato il diavolo..."

Il ragazzino tremò per lo sgomento.

Col cuore in gola si districò a fatica tra i rami bassi degli abeti rinsecchiti finendo per abradersi le braccia e finalmente riconobbe il punto esatto dove aveva visto la roncola con il manico in legno di tasso. Stavolta però non sorrise. Alzò gli occhi davanti a sé e... nessuno. Sull'albero dove ricordava di aver visto l'impiccato senza uno scarpone non c'era niente, proprio come avevano riferito gli uomini che erano andati lassù.

Giacomo tirò un sospiro di sollievo. Una volpe gridò poco lontano da lì e una ghiandaia prese a gracchiare per avvisare tutta la foresta della presenza di un intruso.

Come posso averlo sognato?, pensò.

Fece tre passi, poi ne fece cinque e fu sotto quell'albero enorme. Lo toccò, ne accarezzò la corteccia. Il fusto di quella grande pianta gli sembrava vibrare.

Guardò verso l'alto, fino al cimale dell'albero.

C'erano due grossi rami spezzati poco sopra la sua testa, a tre metri di altezza. Guardò meglio e scoprì che in verità anche gli alberi intorno avevano un sacco di rami spezzati, grossi e bassi come quelli. Indietreggiò senza dare le spalle al grande albero e quando gli fu distante qualche metro si sentì più calmo.

Scese di una decina di metri per il declivio erto, fino a trovare dei rovi di prugnolo e biancospino.

Pensò di fare la pipì. Aprì la patta e sbottonò i pantaloni.

"E questo cos'è?" disse abbassando lo sguardo.

Richiuse la patta e si chinò.

Era uno scarpone. Un vecchio scarpone di cuoio marrone scuro, slacciato e capovolto come se fosse caduto dal versante soprastante e fosse rotolato giù fino a incastrarsi lì dentro.

Giacomo se lo girò e lo rigirò tra le mani tremanti. Lo annusò. Sapeva di bosco e fogliame.

Guardò in alto, verso l'albero dell'apparizione.

Fu colto dal panico.

"È tutto vero! È la prova che avevo ragione!" disse forte.

La ghiandaia diede un secondo allarme.

Senza nemmeno pensarci, Giacomo si guardò intorno, ficcò lo scarpone nello zaino e scese di corsa verso casa.

22.

Corse ruzzolando e inciampando più volte prima tra le radici degli alberi nel bosco e poi sull'erba dei prati che iniziava a inzupparsi di rugiada già da metà pomeriggio.

Corse e corse ancora, senza più sentire i dolori delle botte sulle ossa e senza più voltarsi indietro.

Si sentiva eccitato e al contempo spaventato per la scoperta fatta, e si disse che stavolta non avrebbe dovuto parlarne con nessuno. Quello sarebbe stato il suo segreto più importante, da non rivelare mai e poi mai.

Dopo mezz'ora a scavezzacollo arrivò a Daghè.

Passò davanti alla casa degli Stufles e a quella dei Moroder, il cui capofamiglia lo salutò senza ottenere risposta.

Giunse a casa, prese la chiave della stanza delle mele, vi nascose dentro il grande scarpone e uscì.

Si guardò le mani: tremavano. Anche le gambe gli tremavano.

Sapevo che non mi ero inventato niente... lo sapevo, si disse.

Poco a poco si calmò e trovò il coraggio di tornare nella stanza delle mele per esaminare meglio lo scarpone.

Poi tirò fuori un grosso ciocco di larice e gli attrezzi di Erlacher: sgorbia, mazzuolo, coltelli da intaglio, accetta e punzoni. Doveva distrarsi.

Cominciò a lavorarci più concentrato e assorto che mai.

Tagliò, sgrossò, scalpellò, punzonò quel pezzo di legno per ore.

E così fece il giorno dopo e quello dopo ancora, non appena trovava il tempo per rifugiarsi lì.

Quando dopo tre giorni ebbe terminato la sua opera, la osservò soddisfatto.

Sollevò gli assi del pavimento e la ripose sotto nascondendola per bene.

"Sarai il mio grande segreto! Con i tuoi occhi riuscirò a far luce su questo mistero. E solo allora verrò a riprenderti."

Seconda parte

1.

Giacomo si portò davanti alla stufa e si piegò su un ginocchio. Aprì lo sportello e annusò l'odore di fumo e legno bruciato. Con cura cominciò a riporvi alcuni ciocchi di abete e faggio, sotto i quali infilò dei rametti più sottili e una pagina di giornale. Con un accendino diede fuoco alla carta. Bastò quella fiamma per crearne nuove. In quella posizione Giacomo rimase a guardare le fiamme guadagnare spazio e fare luce crepitando sempre più forte, gli sembrarono suppliche verso un cielo indifferente. Quella stufa era il suo altare, il luogo dove il legno si immolava per la vita buona. Pensò che se i vestiti riscaldano solo chi li indossa, il fuoco riscalda tutte le persone intorno. Ma in quella stanza lui era solo. Anche i pezzi di abete e di faggio si accesero subito. Mentre le vampe tremule fiammeggiavano sul suo viso, Giacomo si immaginò le immense foreste intorno a Daghè dove ogni estate i boscaioli fodòmi e i regolieri che gestivano i boschi di Livinallongo e Arabba lavoravano senza sosta per tagliare abeti, larici, faggi e cirmoli. Ne facevano tronchi da suddividere per l'intera comunità affinché ogni famiglia avesse a disposizione il legname per riscaldare la propria casa. Gli era capitato spesso di imbattersi in quegli uomini silenziosi che tagliavano gli alberi e segavano i tronchi. Erano lavoratori poco socievoli, vivevano nella foresta da quando il sole sorgeva a quando tramontava e non era raro che qualcuno di loro morisse nelle fustaie; una distrazione, la stanchezza, e si finiva sotto il peso di un albero che, appena tagliato, si staccava dalla base e saltava qua e là per qualche metro. Per non parlare delle piante che rotolavano giù nei pendii travolgendo tutto ciò che incontravano.

"*Tomc el peció*!" gridava il capo-regola. E tutti si scansavano a monte perché l'abete cadeva fragorosamente.

I boscaioli tagliavano, segavano, trascinavano e spostavano tronchi, li incanalavano uno dietro l'altro nelle ripide piste forestali che scendevano a valle oppure li portavano via caricandoli sulle tregge o sui carri trainati da cavalli, ma il più delle volte li accatastavano in punti precisi del bosco, dove sarebbero rimasti a stagionare sotto il cielo fino all'anno successivo. Era grazie a queste enormi pile di tronchi se le foreste erano così profumate. Le resine e i terpeni che si sprigionavano dalle fustaie e dalle ramaglie trinciate disseminate lì intorno spandevano il loro odore per centinaia di metri e Giacomo correva da un lato all'altro dei boschi per fiutare queste folate, e quando le trovava chiudeva gli occhi e respirava a fondo per riempire naso e polmoni di quelle essenze.

Il legno era sempre stato l'anima dei montanari. Da sempre con il legno delle foreste si costruivano fienili, case, chiese. Con il legno ci si scaldava durante l'inverno e si fabbricavano gli strumenti di lavoro, le stoviglie, i mobili. Ed era grazie al legno prelevato in montagna da quei boscaioli se lui aveva imparato a scolpire scoprendo la sua grande passione e il suo talento. La sua fortuna aveva origine nel bosco.

Mise un altro pezzo di abete rosso nella stufa, chiuse lo sportellino e si alzò in piedi senza smettere di annusare l'aria.

Ogni volta che la nebbia ammantava Venezia con il suo lenzuolo umido, il segnale della radio andava e veniva. Giacomo allungò il braccio e con un rapido gesto la spense senza nemmeno guardarla. Si passò una mano tra i capelli, lunghi e lisci come li aveva sempre avuti, ma ormai non più biondi. Attraversò il cucinotto e si portò alla finestra che dava sul ponte de le Maravegie. Scostò leggermente la tenda impolverata sotto la quale giacevano pile e pile di "Intrepido". Le fondamenta lungo il rio de San Trovaso erano deserte. Osservò un'ombra solitaria attraversare il ponte e infilarsi lentamente in una delle calli laterali. Sembrava che quella nebbia di inizio primavera si facesse ogni giorno più pesante e densa, soffocando la città ma anche il cielo, la laguna e con essi ogni pensiero. Giacomo non vedeva il sole e le stelle da due settimane. Si toccò la spalla sinistra, poi il braccio, infine la mano con le dita rimaste storte. In quei quarant'anni non avevano mai smesso di fargli male, era come se i nodi del bastone di nocciolo del nonno si fossero aggrappati per sempre alle sue ossa come una maledizione eterna. Artigliato a quel dolore, che si acuiva nei giorni di tempo freddo e umido, c'era lo spirito stesso del nonno.

Nel tempo Giacomo aveva fatto radiografie e risonanze magnetiche e nulla: spalla e braccio sanissimi. Si era sottoposto a massaggi e trattamenti di ogni tipo, aveva assunto antidolorifici e antinfiammatori di ogni genere. I dolori tornavano sempre.

Guardò l'orologio appeso alla parete, segnava le otto e cinquanta di sera. A quell'ora di lunedì intorno all'Accademia non c'era nessuno. Nessun turista, né artisti, e nemmeno studenti. Questi ultimi sarebbero casomai usciti più tardi ritrovandosi in qualche osteria, ma in quel momento stavano rintanati nei loro appartamenti per cenare e studiare in vista degli imminenti appelli.

Lasciò la finestra e posò il bicchiere vuoto sul tavolo lungo il muro della piccola stanza, aprì il frigorifero, prese un pentolino e ne sollevò il coperchio. Polenta rapida cotta il giorno prima, fredda e solidificata come un budino. La rovesciò sul tagliere, prese un coltello e la tagliò in quattro fette. Mise una griglia sul fuoco e quando la piastra fu rovente ve le stese sopra osservando distrattamente il fumo biancastro che si sprigionava dalle fette che abbrustolivano. Le rigirò, e gli venne in mente la nonna, in piedi nella *césa da fuoch* mentre girava e rigirava pazientemente la polenta taragna nella caliera di rame con un paletto di legno di faggio, e gli sembrò improvvisamente di essere lì, alle sue spalle. La nonna si voltò e gli sorrise continuando a girare il paletto, dopodiché versò la grande quantità di polenta sul tagliere in abete e la lasciò raffreddare iniziando a dividerla da sotto con lo spago, mentre il profumo di grano saraceno si propagava con calore in tutta la casa. I ricordi d'infanzia vissuti a Daghè non lo avevano mai abbandonato, ma da qualche mese si erano fatti frequenti e vividi come non accadeva da anni.

2.

Dopo che se ne andò il vecchio, la nonna non parlò più, se non per pregare. La sera Giacomo e i suoi fratelli la sentivano recitare preghiere e rosari ad alta voce fino a tardi, chiusa nella camera da letto, ma di giorno non apriva bocca.

Un pomeriggio, mentre i tre fratelli Nef stavano tornando da scuola, giunti a metà della salita che collegava Pieve a Daghè, Celestino sfidò Titta e Giacomo in una gara per vedere chi sarebbe arrivato a casa per primo. Gli altri due sapevano benissimo che Celestino era il più veloce, tuttavia accettarono la sfida perché non si può mai sapere.

Si lanciarono su per la strada bianca che si snodava come un orbettino attraverso i boschi e Celestino distanziò subito i fratelli, che presto mollarono per riprendere fiato. Per dimostrare la sua superiorità, decise di aspettarli a metà strada, steso sul prato con un filo d'erba tra le labbra. Quando li vide arrivare ansimanti, tirò fuori dalla tasca tre biglie di vetro e disse:

"Partita a *sciscuré?*".

Titta e Giacomo si gettarono sul prato senza fiato.

"Sul breve sono più veloce io!" esclamò il più piccolo.

Celestino mise in tasca le sue biglie e sputò a terra il filo d'erba.

"Non sempre vince il più veloce, ma chi parte prima," disse Giacomo. Si alzò in piedi, gridò: "Via!" e ripartì di scatto. Gli altri due si tirarono su senza aver ancora recuperato tutto il fiato, si buttarono al suo inseguimento ma dopo tre tornanti dovettero arrendersi.

"*Macaròn*!" disse Titta piegandosi sulle ginocchia e mandando a quel paese il fratello sleale.

Celestino rise poiché il fratello maggiore senza fiato e senza forze in fondo lo divertiva.

"Tu non vincerai mai, Titta," gli disse dandogli una pacca sulla spalla, "perché le prossime volte vincerò io."

Quando Giacomo arrivò al maso, si fermò a bere dal *fistìl* e vide che il serraglio del pollaio era aperto: le galline e i polli scorrazzavano intorno alla casa. Capì subito che qualcosa non andava. Si asciugò la bocca con la mano e si avvicinò lentamente al pollaio. Dopo pochi passi vide il corpo della nonna riverso a terra, faccia all'ingiù, di fianco alla terrina del mangime rovesciata.

"Nonna!" urlò.

Si precipitò da lei, le sollevò la testa e la rigirò su se stessa. Non respirava più.

Il nonno era morto da tre settimane.

3.

Le fette di polenta cominciarono a bruciare sprigionando un fumo denso che si propagò in tutto il cucinotto. Giacomo ritornò in sé e le levò dalla piastra per posarle sul piatto. Aprì la finestra. I primi tempi la nebbia gli dava la sensazione di soffocare e non riusciva ad abituarsi a vivere intere giornate senza poter vedere la profondità del cielo, come se il tempo fosse fermo e finto.

Prese dal forno i quattro filetti di sardine avanzati dal giorno prima e ne posò uno su ogni fetta di polenta. Chiuse la finestra e si sedette a tavola.

In quel momento squillò il telefono di casa.

Non aspettava chiamate e le persone che avevano il suo numero si potevano contare sulle dita di una mano. Giacomo lo lasciò squillare un paio di volte, continuando a mangiare, quindi si alzò e andò a rispondere.

"Pronto," disse.

"Giacomo, sono io."

"Elena..."

"È un buon momento o stavi cenando?"

Lui guardò il piccolo tavolo: senza tovaglia, senza tovagliolo, senza nulla che potesse far pensare a una cena. Solo quattro fette di polenta bruciate con sopra una sardina sfilettata. Si passò una mano sugli occhi e disse:

"Ci sono novità?".

"Intanto come va, stai bene?"

Lo chiese anche se sapeva già cosa le avrebbe risposto. La voce della donna era calma e affettuosa, sembrava non avere alcuna fretta.

"Sto bene."

Giacomo diceva sempre così. Anche quando aveva una di quelle giornate nelle quali gli sembrava che il mondo intero gli stesse franando nel petto insieme ai detriti spigolosi del suo passato, lui rispondeva in quel modo. Non poteva permettersi di rimuovere l'impenetrabile coltre di separazione tra la percezione di sé e quella che il mondo esterno aveva di lui. Dire sempre "sto bene" lo metteva al riparo da ulteriori domande. E così l'interlocutore era obbligato a passare al dunque.

"Ti chiamo per confermarti la buona notizia," gli disse Elena. "Oggi ho incontrato il rettore dell'Università di Padova, sono andata lì di persona. Anche a nome del Consiglio di Amministrazione e del Senato Accademico ha ribadito la sua soddisfazione per aver commissionato una tua scultura e non vede l'ora di poterla collocare stabilmente al Palazzo del Bo, sede centrale dell'ateneo."

Giacomo sbuffò pigramente.

"Ma questo lo sapevamo già, no?"

"Infatti. La notizia che ti confermo è quell'altra. Lui non ha nulla in contrario se prima di esporla al Bo tu vuoi presentarla in un altro posto, purché non sia un capoluogo di provincia né tanto meno una città con sede universitaria, ma non è il caso nostro. Non è stato facile convincerlo, ma alla fine, pur di non ostacolare l'accordo, ha accettato. Ti giuro che non è stato facile..."

"O così o niente!"

Elena tacque, poi sembrò spazientirsi.

"Scusa? O così o niente? Giacomo, ma ti rendi conto? Questi ti copriranno di soldi per l'acquisizione di una scultura originale da collocare in una delle università più antiche e prestigiose del mondo e tu... tu a metà contrattazione rischi di far saltare tutto perché decidi che la vuoi prima presentare lì a... a..."

"Livinallongo del Col de Lana."

"Ecco, appunto," disse lei con sufficienza.

"Ci sono cose che valgono più dei soldi, Elena. Ti ringrazio per aver risolto la questione come desideravo, sei una straordinaria gallerista e agente. Hai sempre creduto nel mio lavoro e ti devo moltissimo per ciò che hai fatto per me in tutti questi anni, ma l'artista sono io."

Lei sbuffò, arresa. Poi il tono della sua voce si fece morbido e amorevole, quasi materno.

"Caspita, ma perché ci tieni così tanto, Giacomo? Tu sei un artista internazionale, ho portato i tuoi lavori a Milano, Zurigo, Londra..."

Giacomo si passò una mano tra i capelli.

"Ascoltami Elena, non ti basta il fatto che tutto il legno dei miei lavori proviene da quel luogo? Ho lasciato il paese quando avevo undici anni, ora ne ho cinquantuno. Tornare lì in questo momento della mia carriera e poterci tornare proprio con quest'opera è tutto ciò che desidero. Non chiedo altro. Per me significa chiudere un cerchio. Tutto ha avuto inizio lì."

"Una specie di *tikkun*, insomma."

"Cosa?"

"Nella *Qabbalah* ebraica è un atto di riparazione, di rettifica."

"Qualcosa del genere, sì."

"Capisco. A proposito, ho già chiamato il sindaco di Livilallongo..."

"Livi*NA*llongo. Na, non La!"

"Dicevo che alla fine l'ho chiamato per confermargli il tuo desiderio. Non hai idea della sua felicità, non ci voleva credere che il grande e famoso Nef volesse esporre lì in anteprima un suo capolavoro. Gli ho confermato sabato 10 aprile, una settimana prima del vernissage al Bo, che rimane invece fissato per sabato 17. Gli ho detto che inaugureremo l'opera in tua presenza e la terremo esposta nel palazzo comunale fino a domenica pomeriggio. Si è già messo al lavoro. Mi ha chiesto di domandarti se vuoi che suoni la banda del paese e se gradisci la presenza del gruppo folkloristico degli *Schützen...*"

"Non voglio niente di niente. Questi sono rimasti indietro di cent'anni. Non lo faccio per lui, che nemmeno conosco, e neanche per la cittadinanza. Lo voglio fare per me."

"È quello che gli ho già fatto capire. Con garbo, ovviamente."

Dall'altro capo del telefono Giacomo udì delle voci di ragazzi, e poi un improvviso silenzio, forse era bastata un'occhiataccia di Elena.

"I due leoni si stanno azzannando?" disse Giacomo sorridendo.

"Tanto per cambiare... Piuttosto," continuò lei. "Tu a che punto sei? Dimmi che l'opera è definitivamente pronta, altrimenti mi viene un infarto in questo istante."

"Quasi. Ormai ci siamo."

"Quasi?!" Elena alzò il tono: "Mancano solo due settimane, Giacomo!".

Lui sorrise, come se provasse un certo godimento a infonderle ansia.

"Stai tranquilla, ho praticamente finito. L'hai vista in lavorazione, quindi lo sai."

"Sì, ma due settimane fa mi hai detto che mancavano ancora dei dettagli."

"Nei prossimi giorni ti aspetto nella tana dell'orso, così la potrai vedere con i tuoi occhi."

La tana dell'orso. Così Elena aveva definito il laboratorio-atelier di Giacomo. Era un luogo nascosto in una calle cieca nei pressi del Campo della Carità, e talvolta lo stesso Giacomo lo chiamava così. Oscura e ben nascosta, la tana dell'orso teneva segregati gli sguardi languidi e sofferenti dei personaggi rappresentati nelle numerose sculture in larice, abete rosso, tiglio, tasso, cirmolo: uomini e donne ricurvi a terra sotto un peso tanto invisibile quanto insostenibile che sembrava atterrirli. Persone ingobbite in equilibri precari e impossibili, pronte a schiantarsi eppure ben piantate su due piedi che non cedono di fronte all'eterna disfida tra vita e morte, tra dolore e speranza, angoscia e resistenza.

La prima volta, vedendola ammirata di fronte a una sua scultura a grandezza naturale, questo artista, misantropo e ancora sconosciuto, le aveva detto:

"Toccala, avanti!".

Elena Meyer, che all'epoca aveva trent'anni e già da dieci girava l'Italia alla ricerca di artisti di valore, così come già suo nonno aveva fatto dall'altro capo dell'Oceano, non se l'era fatto ripetere.

Aveva allungato una mano e sfiorato la statua in legno scuro di tasso che raffigurava una vecchia in abiti rurali. La schiena a U rovesciata quasi la costringeva a sfiorare il suolo, con il volto che però si ritorceva verso l'alto in una sorta di estremo gesto di stabilità, come un fiore con il gambo spezzato. Era la prima volta che Elena incontrava un'opera che la obbligava a muovere il proprio corpo, cambiare postura e abbassarsi, curvarsi per poterla ammirare negli occhi e nei minuziosi dettagli del volto sfigurato e vivido.

L'aveva trovata una scultura forte e geniale: per svelarsi appieno l'osservatore doveva rischiare di perdere l'equilibrio. Elena si era abbassata lentamente verso il volto della donna e soltanto quando le era stata a un respiro di distanza aveva potuto vedere nei suoi occhi un'espressione di afflizione che sembrava compatire l'osservatore, come a dire: "Quella che cade non sono io!". E in quell'istante Elena era caduta col sedere per terra.

"Sei la terza, questa settimana. E tre sono le persone che l'hanno vista," aveva detto lui, guardandola di soppiatto, da lontano, nella penombra del suo laboratorio.

Lei si era rialzata, si era scrollata di dosso una manciata di trucioli e, decisa come era nel suo temperamento, gli aveva detto:

"Lei ce l'ha un gallerista?".

4.

Era passato solo un giorno dal funerale della nonna e don Floriano comunicò la decisione ai fratelli Nef.

Era salito con un carretto trainato da un mulo fino al loro maso, dove intanto gli orfani erano stati accuditi dalla signora Moroder e dai vicini Stufles. Il prete li aveva raggiunti accompagnato dal cappellano e dal sagrestano, che avevano il compito di registrare e redarre la volontà delle sue disposizioni.

Titta, Celestino e Giacomo erano ancora frastornati. Il dolore per la morte della nonna era così soverchiante che tutto quello che accadeva intorno a loro non aveva senso.

"Cosa ci succederà adesso?" aveva detto Celestino la notte prima, nel buio della loro camera. Non lo aveva chiesto all'uno o all'altro, lo aveva semplicemente pronunciato come una preghiera ad alta voce. E nessuno gli aveva risposto.

Don Floriano radunò i tre fratelli nella stube, li benedisse e cominciò col dire che purtroppo la morte fa parte della vita e che se questo era ciò che Dio aveva voluto per loro, allora significava che questo in fondo meritavano.

Giacomo avrebbe voluto strangolarlo, ma non poté far altro che annuire.

"I vostri cari nonni vi volevano così tanto bene ed erano così previdenti," continuò il parroco, "che avevano già pensato a tutto quanto."

Fece un rapido cenno al cappellano, il quale dalle scartoffie che teneva fra le mani ne tirò fuori una che esibì sommariamente, sventolandola di fronte al naso dei ragazzi.

"Questo," riprese don Floriano, "è il documento che attesta formalmente le volontà dei coniugi Nef di lasciare interamente in donazione, in caso di morte comune, la casa, il fienile e il terreno alla parrocchia di San Giacomo di Pieve di Livinallongo e affidare in capo al parroco la responsabilità per l'istruzione e il mantenimento dei tre nipoti Giambattista, Celestino e Giacomo fino al compimento della loro maggiore età. Questo documento verrà consegnato oggi stesso dal sottoscritto al *Capocomun* e al notaio Salvatore Arcuri di Santodomenico con sede in Alleghe, con la benedizione di Dio. Vi è chiaro o devo ripetere?"

I tre ragazzi rimasero con la bocca spalancata.

"Cioè?" domandò Titta.

"Cioè la vostra casa e i terreni da oggi appartengono alla parrocchia e voi verrete mandati a studiare fuori paese, dove potrà esservi garantito una regolare istruzione e una vita dignitosa nel nome della Madonna della Salute."

Giacomo si alzò in piedi e corse fuori dalla stanza.

Il prete fece finta di niente.

Con un cenno ordinò ai suoi aiutanti di prendere le loro cose e insieme uscirono. Di fronte ai due fratelli presenti e alla signora Moroder, don Floriano sentenziò:

"Ho chiesto alla comunità: nessuno vuole adottarvi, e voi non potete certamente vivere da soli, ma non temete, figliuoli, la vostra parrocchia vi tutelerà. Dopodomani, di mattina presto, verranno a prendervi. Sarete felici, vi accompagnerà lo sguardo del Nostro Buon Pastore. Fatevi trovare o ci penseranno i Carabinieri, intesi? Che Dio vi assista".

Fece il segno della croce, salì sul carro, con qualche fatica per la tonaca che si era impigliata, e ordinò al cappellano e al sagrestano di ripartire.

Nella casa dei Nef tornò il silenzio e nemmeno gli ultimi fischi delle marmotte prima di entrare in letargo riuscirono a distrarre Titta e Celestino.

Giacomo aveva corso fino a non avere più fiato e a qualche centinaio di metri dal fienile si lasciò andare. Piangeva, bestemmiava, si rotolava per terra. Quelle disgrazie erano tutte colpa sua, e di quell'impiccato. Cominciò a ripetersi che ogni sventura aveva avuto inizio proprio dopo quella scoperta. In tutta Fodòm circolava questa voce. Corse e arrivò al capitello. Prese delle pietre appuntite e con tutta la rabbia che aveva le scagliò contro il crocifisso lì vicino. Poi ne lanciò altre e poi altre ancora, fino a quando il volto del Cristo non fu sfregiato, sfigurato. Non era abbastanza. Il ragazzino lo divelse e gli spezzò le braccia e le gambe e infine gli diede fuoco. Solo allora si calmò: guardando Gesù Cristo bruciare lentamente e consumarsi, divorato dalle fiamme.

5.

Giacomo rimase lì fino a sera, osservando il fuoco che trasformava in cenere la statua del Cristo sotto il cielo stellato. Quando sotto il capitello rimase solo un cumulo di cenere fumante, prese la strada verso casa e rientrò in camera. Il mattino seguente, si alzò che era ancora notte e il freddo del primo autunno pungeva come mille ortiche. Riempì il vecchio zaino militare con le poche vivande che trovò nella dispensa e con tre borracce d'acqua e risalì speditamente i prati che portavano a Cernadoi, sul Col di Lana. Il cielo era terso e le stelle brillavano come se volessero parlargli. Allungando una mano Giacomo ebbe la sensazione di toccarle. Continuò a camminare e all'alba era già al Pian di Falzarego. Si fermò per bere e mangiare un po' di speck, quindi ripartì. Si sentiva addosso una forza incredibile, tutte le energie del mondo convogliate nel suo corpo, unite per un unico scopo. La sua mente era libera e se respirava profondamente gli pareva di espellere l'angoscia, la rabbia, il rancore. Risalì ancora e raggiunse il Passo Falzarego. Poi, con l'agilità di uno stambecco, cominciò a inerpicarsi sul monte Lagazuoi. Si aggrappò ad alcune roccette e poi su una croda per fare prima. La fatica e le difficoltà iniziavano a farsi sentire, allora si fermò per riprendere fiato. Gli girava la testa e la vista cominciava ad annebbiarsi. Si sedette su un masso spigoloso. Guardò intorno e fissò il *Sass de Strìa* dall'altra parte della valle come se volesse sfidarlo amichevolmente. Bevve due sorsi d'acqua fredda e si asciugò il sudore dalla fronte. Le cosce e i polpacci erano duri per lo sforzo muscolare, i palmi delle mani abrasi e leggermente sanguinanti, ma non gliene importava niente, voleva continuare a salire, determinato come un picchio nero che deve scavarsi il nido nel tronco di un peccio e non smette un istante di becchettarlo. In due bocconi ingollò un pezzo di formaggio grande come mezzo panetto di *smàuz*, il burro di malga appena fatto, e gli occhi tornarono a mettere a fuoco ogni cosa. Ripartì piano ma dopo appena cinquanta metri ricominciò ad ansimare e le gambe erano di nuovo due tronchi. Inciampò su un ciottolo e mise un piede fuori dal vecchio sentiero di guerra, cadendo rovinosamente sul ghiaione. Ruzzolò per una decina di metri, lo zaino gli si sfilò dalle spalle e rotolò ancora più giù, mentre dall'alto di una rupe un camoscio che osservava la scena fischiò forte. Quando Giacomo provò a rialzarsi si rese conto che le pacche che aveva preso erano parecchie. Pancia all'aria, gridò disperato:

"Adesso basta! Ce la farò, eccome se ce la farò!".

L'eco risuono più volte rimbalzando tra le pareti rocciose delle montagne. Si tirò su in piedi, zoppicò fino allo zaino. Controllò che dentro ci fossero ancora il pane, lo speck, il formaggio e l'acqua, e piano piano, passo dopo passo, ricominciò a salire respirando a fondo e concentrandosi solo sulla punta delle scarpe che, una dopo l'altra, mangiavano il sentiero con un ritmo regolare.

Poco dopo mezzogiorno finalmente raggiunse la vetta. Le ginocchia e le braccia erano sbucciate per la caduta.

Gridò forte e aprì le braccia, alzandole al cielo. Gridò ancora e gli venne da piangere. Non immaginava che avrebbe potuto farcela davvero e in quel momento si sentiva leggero come un seme di *lum*, il soffione del tarassaco che il vento disperde ai quattro angoli del mondo. Pace, finalmente.

Si vestì pesante e si fermò lì, ad ascoltare il suono dell'aria che gli sembrava sussurrasse parole di conforto e promesse facili. I corvi, i gracchi corallini e i fringuelli alpini gli facevano visita mendicando qualcosa da mangiare. Lui guardava il panorama da lassù e pensava che forse sarebbe stato meglio nascere nuvola o larice o vento. Vide dall'alto tutte le Dolomiti che già conosceva e molte altre montagne ancora, lontane, di cui non sapeva il nome e di cui ignorava perfino l'esistenza. Si sentì orgoglioso, pensò alla recente impresa sul Karakorum di Compagnoni, Desio e Lacedelli. Anche loro sarebbero stati fieri di lui.

Alfredo gli aveva ben raccontato di quell'evento incredibile.

"Ti rendi conto che impresa, piccolo Nef? Salire sul K2 per primi!" gli aveva detto mentre arrotava un coltello disseminando scintille incandescenti dappertutto. "E non è tutto! Alcuni giornali hanno scritto che Compagnoni e Lacedelli erano a corto di ossigeno e hanno scalato gli ultimi metri senza le bombole! Ma forse è solo una leggenda."

Giacomo lo aveva guardato stupito.

"Bombole di ossigeno?" aveva domandato.

"Perché, non lo sai?"

"Cosa dovrei sapere?"

Alfredo staccò la lama del coltello dalla ruota levigante e dentro la bottega calò il silenzio.

"Più in alto sali, più diminuisce la pressione."

"E cosa vuol dire?" aveva chiesto Giacomo.

"Vuol dire che i polmoni passano meno ossigeno al sangue e così non si riesce a trovare il fiato. Figurati sul K2 che è a quasi novemila metri di quota!"

Giacomo immaginò i tre alpinisti italiani vestiti come i palombari americani che aveva visto in una foto nel libro di geografia.

Sulla vetta del Lagazuoi gli tornò in mente quella foto e rise. Certo, Alfredo gli doveva aver detto una grande balla perché, anche se le Dolomiti non erano il Karakorum, a lui lassù in cima il fiato non mancava per niente, anzi. Chiuse gli occhi e respirò come se volesse catturare dentro sé le poche nuvolette bianche che gli aleggiavano sopra la testa. Poi si sedette, afferrò una pietra da terra e la annusò. Ha l'odore del cielo, pensò.

Non avrebbe più voluto scendere, ma quando il sole cominciò a calare, tirò su le sue cose e iniziò il viaggio di ritorno. I piedi, le gambe, la schiena. Tutto lamentava dello sforzo dell'andata.

Il rientro fu lento e lungo. Sui talloni si erano formate delle vesciche e il dolore che provava a ogni passo era lancinante. Quando arrivò al castello di Andraz e poi più giù nei pressi della frazione di Franza, il sole stava tramontando e le prime stelle comparivano nel cielo a oriente, dietro il monte Pore. Decise di fare una sosta per mettere i piedi nell'acqua fredda di un ruscello e disinfettarsi le ferite con della resina d'abete rosso raccolta poco prima.

Fu in quel momento che udì il primo bramito di quell'autunno e l'ultimo della sua vita.

Giacomo ebbe un sussulto di paura. Il cuore cominciò a battergli fortissimo, ma lui rimase fermo, immobile, in attesa di udirlo di nuovo. E il verso del cervo in amore risuonò ancora fra boschi, vallate e pareti dei monti. Un richiamo cavernoso di sfida, potenza e ardimento che sembrava provenire da un'era antica, dalla notte dei tempi, per far capire agli uomini la loro infima condizione, la loro precarietà di fronte alla natura.

6.

Il telefono squillò a un orario insolito: Elena chiamava sempre attorno ai pasti, ma erano appena risuonati i rintocchi delle quattro di pomeriggio. Che ci fossero complicazioni con il rettore per la mostra a Livinallongo?

"Buongiorno Nef, sono Attilio Venier, spero di non disturbarla," attaccò subito la voce dall'altra parte. "Ci siamo visti qualche mese fa, ricorda? Sono lo studioso appassionato di storia delle Dolomiti bellunesi. Ci aveva messi in contatto un anno fa Colombo, al quale lei si era rivolto per delle ricerche. Lucio Colombo, il segretario della sezione veneziana del Club Alpino Italiano..."

"Certo che ricordo, buongiorno. Ci sono novità?"

"Va subito al sodo lei, eh?" scherzò Venier.

"Sono fatto così e ormai alla mia età non cambio più. Abbia pazienza."

"Si figuri. La gente di montagna mi piace anche per questo."

"Ha scoperto qualcosa?"

"Allora, guardi, sì e no... Come le avevo già detto, non è facile indagare su singole persone di quegli anni o su piccoli episodi senza alcun fondamento storico... Un conto è studiare e approfondire fatti documentati, ben altro fare ricerche su un impiccato sconosciuto e poi scomparso nel nulla, capisce?"

"Questo lo so anch'io, Venier. Per questo mi sono rivolto a lei. Secondo Colombo lei è la persona giusta per provarci."

"Ho contattato anche a una importante fondazione che studia l'Alto Agordino, ma non ne ho ricavato nulla, se non il fatto di cui già le avevo accennato, e cioè che durante la Prima guerra mondiale molti uomini decisero di togliersi la vita impiccandosi o sparandosi nei boschi ai piedi del Col di Lana..."

Giacomo lo ascoltava con gli occhi chiusi.

"Ma essendo nato e cresciuto lì, probabilmente questo lei lo sapeva già, vero?"

"No. Quando ero piccolo dalle mie parti non si poteva parlare delle guerre. Era un tabù."

"Capisco, è qualcosa in cui ci imbattiamo di frequente, questi uomini erano disertori ma anche soldati che persero la ragione di fronte agli orrori e alla crudeltà dei combattimenti. La stessa cosa accadde anche durante l'*Alpenvorland*, l'occupazione tedesca. Anche in quel periodo decine di persone furono ritrovate impiccate tra quelle foreste. Vendette, tradimenti e molto altro. Sa com'è, in mezzo a quell'orrore gli uomini riscoprono la ferinità."

Giacomo sospirò e poi lo interruppe:

"Senta," disse, "a me interessa il 1954, non le due guerre! Voglio sapere se risulta la misteriosa scomparsa di un uomo alla fine dell'estate del '54. Di certo la persona di cui voglio scoprire l'identità non è di Daghè, di Palla, di Pieve di Livinallongo, e nemmeno di Arabba, altrimenti per me non si tratterebbe di un mistero."

Venier rimase in silenzio per qualche istante, poi con un tono della voce più basso e calmo disse:

"Infatti non l'ho chiamata per niente, caro Nef. Però preferirei che ci vedessimo di persona, è possibile?".

Giacomo spalancò gli occhi e strinse la cornetta.

"Vederci?"

"Sì. Possiamo incontrarci nei prossimi giorni?"

7.

A Giacomo avevano insegnato che il *bur tëmp* era un monito di Dio per ricordare agli uomini di vivere nel timore della sua vendetta, pertanto anche lui e i suoi fratelli consideravano il maltempo come un invito alla costante sottomissione di fronte al Creatore. Figurarsi il giorno in cui dovettero partire.

Era mattino presto. Pioveva e le montagne erano coperte dalle nubi che le nascondevano mostrandone solo i boschi sottostanti. I fratelli Nef stavano in piedi in silenzio davanti all'uscio. Titta aveva lo sguardo perso nel vuoto, Celestino e Giacomo piangevano. Si presero per mano avvertendo un calore e un affetto che tra loro non avevano mai sentito. Si rendevano conto che quella separazione imposta dal prete sarebbe durata a lungo.

Accarezzarono un'ultima volta *Ey de Net*, tenuto per le briglie dal signor Stufles, impassibile come sempre sotto il suo barbone bianco e grigio, come il fumo che usciva dai camini.

"Starete bene, fidatevi del parroco," disse loro il vecchio.

"Come no!" rispose Titta.

Ciascuno dei fratelli aveva una sacca procurata da don Floriano e aveva dovuto metterci il minimo indispensabile, al resto avrebbero pensato gli istituti. Giacomo aveva con sé anche il vecchio zaino militare del nonno, nel quale aveva infilato gli attrezzi per scolpire, il vecchio scarpone ritrovato nel bosco e la pesante chiave di ferro della stanza delle mele, che aveva chiuso con tre mandate prima di lasciare il maso.

Il sagrestano e il cappellano vennero a prelevarli con il grande carro che si erano fatti prestare da Cleto. I ragazzi vi salirono con le loro cose e mentre il sagrestano ordinava al bue di partire, Giacomo fissò il *fistìl*, il pollaio e le vecchie imposte della casa con dentro al petto il fuoco della rabbia. E della tristezza.

Scendendo lungo la strada bianca, guardò il maso Nef diventare sempre più piccolo, fino a dissolversi nella foschia delle nubi basse per poi scomparire del tutto, una volta entrati nella pecceta.

Sul sagrato della chiesa li attendeva il parroco che in quattro e quattr'otto li divise.

Titta e Celestino vennero fatti salire a bordo di una fiammante Fiat 600 del Vescovado. Il primo fu condotto al collegio vescovile di Bressanone e il secondo dai frati domenicani di Bolzano. Giacomo li vide partire e si sentì mancare le forze. Don Paolo Gross, il giovane cappellano con gli occhi bovini, la pelle bianca e il collo che sembrava fatto di burro, gli posò una mano sulla spalla e gli disse:

"Ti accompagno io fino a Belluno, ma dobbiamo aspettare che passi la corriera".

"A Belluno?"

"A Belluno. Dai padri salesiani."

Durante il viaggio che da Fodòm scendeva nella Val Cordevole, Giacomo guardava le nuvole livide fuori dal finestrino e sperava che arrivasse un nuovo diluvio universale per affogare la Terra e tutti gli uomini in pochi istanti. La fine del mondo sarebbe stata una buona notizia.

A Belluno il cappellano lo consegnò al direttore del collegio.

Gli fu assegnata una camera all'interno di quel grande edificio grigio, e dal giorno seguente iniziò a frequentare la scuola, la mensa, la chiesa e il dormitorio imparando a osservare una serie di regole e abitudini che diventarono presto la sua nuova vita. I professori erano tutti preti, ogni mattina c'era l'obbligo della messa e la sera si andava a letto molto presto, pena una punizione di don Sergio, preposto alla sorveglianza notturna del dormitorio.

La mensa a Giacomo faceva schifo. A pranzo veniva servita ogni giorno pasta al pomodoro che odorava di stoffe tenute chiuse in un armadio per anni, e un po' di carne nella gelatina fredda, e a cena una brodaglia piena di nervetti. Se si avanzava qualcosa, si doveva saltare il pasto successivo.

Giacomo, mentre si metteva in fila, doveva farsi violenza per non pensare alla polenta, la salsiccia, la *menestra de orz*, i *grafògn*, le *fortàje* e tutti gli altri piatti saporiti che gli preparava la nonna.

Come per la pasta, lì dentro tutto era insapore per Giacomo.

Il collegio, la nuova scuola, i muri grigi, gli orari senza respiro, l'assenza delle montagne, dei boschi, del canto degli uccelli, delle stelle, dell'enrosadira, della neve che ricopre gli alberi. Tutto sapeva di niente.

La scuola era molto più seria e impegnativa di quella di Pieve. I professori non perdonavano la minima distrazione. I compagni erano solo maschi, quasi tutti orfani che provenivano dalla città ma anche dalle vallate più lontane. Giacomo non riuscì a legare con nessuno di loro a parte Tobia, un ragazzino coi capelli così neri che sembrava avere la testa di un corvo. Aveva un anno in più di lui, il temperamento allegro e non perdeva occasione per prendersi gioco dei professori, salvo poi buscarle e finire in punizione.

"Tobia," lo richiamò don Claudio un giorno, dopo un'interrogazione in cui non aveva saputo rispondere a nemmeno una domanda di geografia. "Ma tu che vuoi fare da grande?"

"Soldi, professore. *Schei*. Voglio fare *schei*!"

E tutti giù a ridere.

Era originario della Valle del Mis e nessuno sapeva perché fosse finito lì, delle sue origini non voleva mai parlare e se qualcuno provava a indagare, lui cambiava discorso o si allontanava.

Un pomeriggio, durante la lunga ricreazione che si trascorreva all'aperto, nel cortile dietro il collegio, attirò l'attenzione di Giacomo, e gli sussurrò che avrebbe voluto mostrargli un segreto. Incuriosito, Giacomo decise di seguirlo. Attenti a non farsi vedere da nessuno, entrarono nell'edificio e risalirono le scale di nascosto, uno dietro l'altro, in silenzio. Tobia entrò nella camera che condivideva con altri cinque ragazzini, in quel momento giù in cortile, si guardò intorno e poi aprì un'anta del suo armadietto. Oggetti di ogni tipo e alla rinfusa: matite, quaderni, fogli di carta stropicciati, pantaloni, magliette, dei soldatini di plastica, una macchinina e perfino un orsacchiotto di peluche. Giacomo lo guardò in silenzio mentre affondava le mani in quell'inaudito scrigno. D'un tratto Tobia sorrise come un pescatore che finalmente ha preso una trota. Tirò fuori una bottiglia senza etichetta, mezza piena di un liquido incolore che sembrava acqua.

Stappò coi denti il tappo di sughero, e annusò il contenuto.

"Grappa!" esclamò ridendo. "L'hai mai bevuta?" Poi ne tracannò un sorso e gli passò la bottiglia. Giacomo sottovoce disse:

"La beveva mio nonno, ma io non... Ma chi te l'ha data?".

"Che te ne frega? Avanti, fa' un sorso, che poi giù ci divertiamo!" insisté Tobia.

Giacomo portò le labbra alla bottiglia e la assaggiò. Il viso gli si contorse in mille smorfie.

"Mi brucia lo stomaco!" esclamò. Allungò il braccio per restituire la bottiglia ma Tobia la rifiutò.

"Brucia sì, ma poi vedrai come ti farà sentire. Dai, non fare il fifone. Se non fai due belle sorsate non sei un uomo!" lo minacciò puntandogli il dito addosso.

Se avesse rifiutato, Tobia lo avrebbe deriso per settimane davanti a tutti, perciò si fece coraggio, contò mentalmente fino a tre e poi bevve una sorsata vigorosa.

Teneva ancora in mano la bottiglia quando don Lucio spalancò la porta della camera.

Stava sorvegliando il corridoio del piano e aveva sentito le voci dei due ragazzi.

“Nef! Nef!” sbraitò mentre Giacomo lo guardava senza riuscire a muovere un dito.

I due ragazzi vennero spediti dal direttore del collegio, che decise di punirli bacchettando loro le mani e lasciandoli senza cibo per un giorno, che a conti fatti non dispiacque a Giacomo considerata la pastasciutta. Tobia, ritenuto il principale responsabile della malefatta, fu costretto a pulire i bagni della scuola per una settimana, mentre a Giacomo fu richiesto di riordinare il laboratorio del legno gestito da Tarcisio, l’assistente tecnico del professore di educazione artistica.

Non poteva immaginarlo, il direttore del collegio, ma quella punizione fu il più prezioso dei regali per Giacomo.

8.

Giacomo uscì di casa senza fretta, proseguì costeggiando lungo il rio de San Trovaso e muovendosi a memoria nel dedalo di calli che svoltavano alla sinistra del canale. Le goccioline d'acqua che galleggiavano nell'aria della sera attutivano il rumore dei suoi passi incerti e anche dell'acqua che si adagiava debolmente sulle rive dopo il passaggio di un barchino.

Gli effetti del sidro gli offuscavano i pensieri e Giacomo se ne compiaceva. Quel torpore che gli faceva formicolare la bocca, le mani e i piedi gli dava conforto e consolazione. Giunto in fondo svoltò a sinistra in calle Larga Nani. La luce gialla dei pochi lampioni presenti ammorbidiva il paesaggio e sembrava intiepidire l'aria, che al contrario rimaneva fredda e pregna di umidità. Un gatto rosso e spelacchiato gli si piazzò davanti. Si fermò un istante e lo guardò.

"E tu chi sei?" scherzò. "Mi vuoi spiare?"

Camminò ancora a memoria, verso il canale della Giudecca e poi girò a destra, oltrepassò l'Accademia e arrivò al campiello ai Incurabili.

Si fermò davanti a un portone di legno verde, posto sulla destra.

Tirò fuori la chiave giusta dalla tasca del cappotto e la infilò nella serratura girandola tre volte.

Entrò nel suo laboratorio e chiuse il portoncino dietro di sé.

Si tolse il berretto e il cappotto e li posò sopra una vecchia madia di noce. Si avvicinò lentamente alla sua ultima opera e la fissò con timore e riverenza. Bevve un sorso di sidro di mele e provò un fremito, un brivido acido, freddo e repentino, come una scossa.

Un preciso ricordo d'infanzia piombò nella sua mente alla velocità di un astore.

Era un pomeriggio di ottobre. La nonna era seduta sulla vecchia panca che cingeva la stufa in maiolica. Giacomo, che allora aveva appena sette anni, teneva la testa appoggiata sulle mani e i gomiti puntati sull'imbotte, che era spessa quanto un braccio di Titta. Stava inginocchiato sopra una sedia per rimanere sollevato il più possibile e poter guardare fuori dalla finestra della stube. Sua mamma se n'era andata da pochi mesi. Fuori il vento infuriava piegando i cimali degli alberi. Pioveva e le montagne erano coperte da nubi chiare che facevano cadere la prima neve sui boschi più in alto.

Mentre il nonno e i due nipoti maggiori erano nel fienile a sostituire alcuni assi marciti dal tempo, la vecchia Frida e il nipotino stavano rifugiati nella stanza più calda della casa. Lei lavorava a maglia e lui ascoltava la voce del vento credendo che volesse dirgli qualcosa sul destino di sua mamma.

"Nonna!" le disse di punto in bianco. "Morire è un po' come cambiare stagione?"

Lei cessò di sferruzzare, guardò fuori dalla finestra e disse:

"Più o meno credo sia così... L'autunno non respinge mai l'inverno, lo accoglie con benevolenza. I paesaggi più belli nascono dal loro abbraccio". E riprese il suo lavoro.

"Sì, ma perché si muore, nonna?"

La vecchia guardò il nipote e poi il crocifisso appeso all'angolo della stube. Disse:

"Per smettere di patire, ecco perché si muore".

Il lontano ricordo svanì come un soffio di vento e Giacomo si ritrovò davanti alla sua scultura più importante.

Con un sorso terminò il sidro nel bicchiere e le si avvicinò. Accarezzandola sussurrò:

"Amico mio, chi sei tu, veramente?".

9.

A Belluno Giacomo riceveva le lettere dei suoi fratelli ogni sei mesi. Poche righe: stavano bene e così si auguravano di lui. L'economo del collegio, che si occupava del rapporto fra i tre orfani, nonché di percepire i soldi dalla parrocchia di Livinallongo per il loro mantenimento, obbligava Giacomo a rispondere con una lettera uguale. All'inizio fu uno strazio, sentirli lo faceva star male, e questo lo turbava. Ma poco a poco quelle lettere tutte uguali marcarono una distanza incolmabile e dopo un anno Giacomo non si interessò più di loro né del loro destino. Come l'eco di una slavina che, dopo un rimbombo fragoroso, si spegne tra le vallate fino a dissolversi e nel paesaggio resta solo un'assenza sorda.

Giacomo rimaneva sempre chiuso nel collegio, per lui Belluno poteva anche non esistere, perfino nel giorno di San Martino, quando le vie e le piazze si riempivano di banchetti e divertimenti in onore del patrono della città. Il suo regno era il laboratorio, un luogo che gli faceva da nido. Lo proteggeva e allo stesso tempo lo isolava.

Tarcisio gli procurava dei pezzi di legno e lui nel tempo libero scolpiva, intagliava, cesellava piccoli animali selvatici. E si sentiva meglio.

"Quello è castagno," gli disse un pomeriggio mostrandogli un ceppo. "Bello grande, vero?"

"Quanto un lupo," rispose Giacomo. Ne toccava la corteccia e intanto la annusava.

"Lo hai mai lavorato?"

"No, mai."

"È particolare. È molto duttile."

"Cosa vuol dire?"

"Duttile? È un legno che si adegua alla volontà dello scultore. Facilmente trattabile, mite. Non fa capricci e non ti mette nei guai, il castagno. Va bene per rilassarsi," sorrise. "Che ne dici se proviamo a lavorarlo insieme, nelle ore libere?"

Il volto di Giacomo si illuminò di gioia.

"Sì!" esclamò. "Cominciamo subito?"

"Prima dobbiamo avere un'idea, non trovi? Cosa ti piacerebbe ricavarne?"

Giacomo guardò fuori dalla finestra e notò che il ghiaccio stava fiorendo sul vetro disegnando dei bellissimi ghirigori.

"Non lo so..." disse.

Tarcisio prese con entrambe le mani il pezzo di castagno.

"Hai detto che è grande quanto un lupo, no?" disse. "E allora proviamo a tirargli fuori la preda che ha divorato."

Giacomo rise divertito.

"Una capra?" domandò.

"Per me va bene. Cominciamo, forza!"

Ogni volta che Giacomo si trovava libero dalle lezioni e dalle mansioni che gli spettavano di corvée, scendeva al laboratorio e si dedicava a lavorare quel grande pezzo di castagno, così morbido e cedevole.

Tarcisio riferiva in continuazione del talento del ragazzo al professore della materia finché questi, all'ennesima insistenza, volle andare a vedere di persona i lavori di Giacomo eseguiti con gli scarti del laboratorio. Animali della foresta e dell'alta montagna più una bellissima capra in legno di castagno, una Vallesana a pelo lungo, di quelle che avevano gli Stufles. Il professore rimase a bocca aperta, e solo dopo una lunga pausa riuscì a balbettare qualche complimento.

Da quando era arrivato al collegio era la prima volta che Giacomo sentiva qualcosa che assomigliasse alla felicità. Andava a letto sereno, sapendo che il giorno dopo ci sarebbe stato il laboratorio ad aspettarlo.

Ma l'uomo appeso a un albero nel buio del bosco nel mezzo di una tempesta era sempre lì, in attesa, nei suoi sogni. E allora Giacomo si svegliava di colpo, sudato, terrorizzato, e quell'unico pensiero: tutte le mie disgrazie sono iniziate con lui. E il senso di colpa lo soverchiava.

10.

La sala della Biblioteca Marciana con i suoi archi a volta, i terrazzini disposti sui vari piani e il soffitto dal quale entrava la luce piena del cielo era uno spettacolo, ma furono soprattutto le grandi scaffalature in rovere e i banchi in legno di noce massiccio ad attirare la sua attenzione.

Seduto lontano, proprio a ridosso del bassorilievo di Petrarca, un uomo gli sorrise alzando leggermente un braccio. Giacomo lo raggiunse e si strinsero la mano.

"È sempre un piacere incontrarla di persona, Nef. Non è da tutti poter parlare con il famoso scultore."

"Ma va là, Venier!" tagliò corto Giacomo. "Ci viene spesso qui?"

"Sì, il materiale a disposizione è vastissimo," e invitò Giacomo a sedersi. "Lei ci era mai stato?"

"Un paio di volte, tempo fa. Cercavo un saggio sulla lavorazione del legno. Nei secoli anche la scultura è cambiata molto, lo sa?" rispose Giacomo. "Oggi c'è chi scolpisce perfino con la motosega."

Venier sgranò gli occhi.

"Già... la tecnologia ha cambiato anche questa arte povera..." disse Giacomo accomodandosi.

Venier fece un gesto ampio con il braccio. "Questo angolo di paradiso è l'unica istituzione della Serenissima che non ha mai cessato l'attività... I veneziani qui vollero realizzare la più bella biblioteca del mondo, e direi che ci sono riusciti, no?"

Lo sguardo di Giacomo si posò sullo storico.

"Venier, lo sa che io sono un tipo sbrigativo, vero? Mi ha detto che voleva incontrarmi per darmi una novità..."

Quello si tolse gli occhiali, li posò sul tavolo e si grattò la nuca.

"Effettivamente una novità ce l'ho," cominciò. "Però la avviso, non si illuda... È una suggestione, e se ha fortuna un indizio."

"Cos'ha scoperto?"

"Le avevo già detto che, stante le mie ricerche presso gli archivi giornalistici e quelli delle forze dell'ordine, nel 1954 non risulta alcuna denuncia di scomparsa o sparizione. Tuttavia..."

Giacomo strinse così forte i braccioli della sedia che lo scricchiolio arrivò forte e chiaro a Venier.

"Arrivo al punto, scusi. Ho contattato un mio conoscente, anch'egli appassionato storico delle montagne e delle genti bellunesi. Si chiama Aurelio De Zolt, docente di lettere ora in pensione, vive a Sedico..."

"Ha chiesto a lui di indagare un po'?"

"Esatto. E De Zolt è stato bravo, a quanto pare, perché tramite le sue ricerche e le sue relazioni è riuscito a risalire a un individuo che proprio nel 1954 è effettivamente scomparso nel nulla da un giorno all'altro."

Giacomo sentì il sangue tambureggiare nelle vene.

"Chi è?"

"Si tratta di un ebreo che viveva a Stagùda. Il nome non lo so, non me l'ha detto, ma a lei lo dirà volentieri."

Giacomo era stupefatto.

"Un ebreo?" chiese.

"Proprio così, un ebreo di mezza età."

Giacomo si passò una mano tra i capelli e poi si grattò nervosamente un orecchio.

Venier prese un pezzo di carta che teneva nel taschino della giacca, vi scrisse un numero di telefono e consegnò il foglietto a Giacomo.

"Chiami direttamente De Zolt, questo è il suo numero di

casa. Dice che sarebbe lieto di sentirla dalla prossima settimana, perché in questi giorni è a un congresso a Torino."

Giacomo lesse velocemente il numero di telefono, e si ficcò il foglietto in tasca.

"Non so come ringraziarla," disse. La presa sui braccioli finalmente si era allentata.

"Lasci stare, è poca cosa, onestamente, ma è sempre meglio di niente. In ogni caso poi mi faccia sapere, che sono curioso anch'io..."

"Grazie ancora, Venier," e gli strinse la mano.

Lo storico sorrise, raccolse la mano di Giacomo nelle sue e le trattenne ancora un po':

"Non è incredibile che questa meraviglia, come tutta la città di Venezia, esista solo perché sorretta dai tronchi delle conifere che provengono dalle Dolomiti? La città più bella del mondo tenuta a galla grazie alle montagne più belle del mondo...".

Giacomo sorrise.

"Venezia è un bosco a testa in giù, caro Venier. Chissà, forse è proprio per questo che il destino mi ha portato qui."

11.

Nella penombra del suo studio, le candele ondeggiavano agitate conferendo vita apparente alle sculture. Dopo l'incontro alla Biblioteca Marciana, Giacomo era tornato lì, davanti alla sua creatura, al suo mistero. Con una mano teneva il bicchiere vuoto e con l'altra sfiorava la grande statua in legno di cirmolo. Con il braccio le accarezzò la nuca e il collo reclinato da un lato, poi scese lentamente su una spalla e ancora giù, fino a raggiungere le grosse mani, prima una e poi l'altra, entrambe aggrovigliate, come intirizzite.

L'uomo appeso per il collo e sospeso in aria, senza corda, non aveva un volto, poiché Giacomo gli aveva ricoperto il viso di resina di cirmolo e poi l'aveva fiammeggiata e annerita in modo da ottenere un effetto grumoso che rendeva irriconoscibili i suoi lineamenti.

Desconesciü, questo era il nome ladino che aveva dato alla sua opera: Lo sconosciuto, L'ignoto.

L'uomo aveva la spalla sinistra e il braccio ricoperti di muschio e foglie caduche, una creatura per metà umana e per metà vegetale. I suoi piedi erano nudi. Quello sinistro era sollevato da terra mentre il destro poggiava su una fitta foresta, che fungeva da piedistallo e sosteneva stabilmente l'intera statua.

Giacomo continuò a fissarlo e intanto gli girava intorno lentamente, lo toccava e lo toccava di nuovo, lo accarezzava, ne annusava il profumo. Poi prese una piccola sgorbia da uno dei tavoli da lavoro, tornò alla statua e ripassò leggermente, con una pressione impercettibile della mano, un piccolo punto sulla schiena dell'uomo. Soddisfatto, si versò dell'altro sidro e si sedette di fronte a lui, proprio ai suoi piedi. Erano passati già quarant'anni da quando aveva trovato quell'individuo nel bosco per ricomparire lì, nel suo laboratorio: l'aveva creato lui dandogli una nuova forma, oltrepassando quel confine tra paura e ragione. E adesso forse il destino gli stava mostrando una nuova speranza di far luce sulla vera identità di quell'impiccato. Gli tornò in mente la statuetta che molti anni prima aveva nascosto sotto le assi del pavimento nella stanza delle mele. Finalmente quelle tenebre che l'avevano tenuta avvolta per tutti quegli anni si stavano aprendo per far entrare qualche barlume di verità. Quella statuetta era ancora viva.

In quel momento un ricordo del nonno proruppe improvvisamente nella sua testa.

Stavano falciando il prato in giugno, in una località a est di Daghè che si chiamava *L'aiva*, l'acqua.

Il vecchio Nef aveva scorto una vipera tra l'erba e con un colpo di falce l'aveva tagliata in due, maledicendola. Il grosso serpente grigio e nero, pur dimezzato, continuava a dimenarsi e attorcigliarsi.

"Nonno, è ancora viva?" aveva chiesto sbalordito Giacomo.

"Non si muore mai subito. Nessuno muore sul colpo..."

Mentre i due pezzi di vipera continuavano a muoversi tentando inutilmente di rimanere aggrappati alla vita, lui aveva alzato gli occhi al cielo con il magone. Aveva guardato il Civetta, l'Averau, il Pelmo, pensando che era stufo di sentire ogni giorno parole di morte, l'odore stesso della morte. Quando i due scampoli di serpente smisero di dibattersi, il nonno li aveva raccolti e gettati sull'acervo di un formicaio.

"Queste rosse sono le più voraci," gli aveva detto. "Entro

sera spolperanno tutto: pelle e carne. E allora con le vertebre noi faremo un bel rosario per la nonna."

Bevve il sidro in un solo sorso e guardò il *Desconesciü* con un sorriso beffardo, come se volesse dirgli qualcosa. Si alzò, andò deciso dalla parte opposta della stanza, dove la luce delle candele faticava ad arrivare e aprì l'anta di un armadio. Accanto al suo vecchio zaino militare e ai primi strumenti di lavoro che gli aveva dato il maestro Erlacher di Colfosco, c'era lo scarpone. Così rinsecchito da sembrare ormai fatto di cartone. Tornò alla sua opera. Guardò un'ultima volta la grossa scarpa di cuoio che teneva tra le mani, e poi la calzò con molta cura al piede sollevato della statua.

"Hai aspettato tanti anni per questo momento, eh?" disse alla vecchia scarpa.

Fece un passo indietro, si passò una mano tra i capelli e sorrise.

12.

A quattordici anni Giacomo lasciò Belluno e venne mandato a studiare a Padova.

I salesiani che lo avevano istruito e ospitato per tre anni si resero conto del suo talento nella scultura del legno e per questo decisero, dopo aver consultato la parrocchia di Pieve di Livinallongo, di trovargli una sistemazione all'Antonianum, il collegio dei padri gesuiti che si trovava a pochi passi da Prato della Valle. Lo iscrissero al "Pietro Selvatico", il prestigioso istituto d'arte della città del Santo dove si insegnava scultura lignea. Lì Giacomo incontrò il professor Lari, che lo aiutò a perfezionare la sua tecnica scultorea.

"In tutta la mia vita non sono mai stato sulle tue Dolomiti, sai?" gli disse un giorno il professore mentre sceglieva lo scalpello più adatto. "Io vado spesso ad Asiago."

"Le mie montagne sono molto più alte, professore!" esclamò Giacomo.

Lari rise, si avvicinò a Giacomo e al tronco di ciliegio su cui lo stava facendo esercitare nelle varie tecniche di levigatura. "Guarda quanto è bella la tonalità rossa di questa pianta, Giacomo. Quello del ciliegio è un legno duro, pesante e compatto. Se impari a lavorarlo bene, gli altri legni da intaglio ti sembreranno più facili."

"Ogni legno ha le sue caratteristiche..." disse Giacomo. "Ogni singola pianta è diversa dall'altra. Come le foglie, i fiocchi di neve, e le vite degli altri."

Giacomo si fece serio. "E ogni scultore ha il suo legno?"

"Più o meno è così."

"Qual è il suo preferito, professore?"

"Pero. Il suo colore rosa è unico. Mi piace lavorare anche il pioppo, ma ha l'anima molto umida, deve essere ben stagionato, altrimenti si sfarina e non combini niente. Sono gli alberi dei miei ricordi. Sai, sono convinto che ogni artista debba scolpire il legno col quale è cresciuto e si è formato. Lo dovresti fare anche tu. Devi scolpire il legno che sei!"

"Abete, larice, pino cembro..."

Lari annuì, estrasse dalla tasca un piccolo pezzo di cirmolo, glielo offrì e lo invitò ad annusarlo.

"Il profumo più buono del mondo," sospirò Giacomo.

"Te lo regalo, tienilo con te. Ti porterà fortuna."

Giacomo sorrise e arrossì.

"Gli uomini spesso dimenticano di fare parte della natura dove sono nati e cresciuti," continuò Lari. "L'abete rosso, l'abete bianco, il larice, il cirmolo sono gli alberi delle tue radici, delle tue origini. La loro terra è la tua stessa terra. Siete la stessa montagna."

Giacomo sentì gli occhi inumidirsi. E forse per vero slancio o solo per nascondere l'emozione scattò verso il professore e lo abbracciò forte.

Dopo i primi due anni passati tra scuola e collegio e collegio e scuola, e nonostante gli mancassero terribilmente le sue montagne, Giacomo cominciò a girare sempre più per le vie del centro di Padova, scoprendone la bellezza: i palazzi, le piazze, le chiese, le viuzze del Ghetto, l'Università, i mercati all'aperto con la loro vivacità. Era un altro mondo rispetto a quello in cui aveva vissuto per i primi sedici anni della sua vita, ed era comunque meraviglioso.

"Ho deciso di iscriverti a un concorso," gli disse il professor Lari quando Giacomo aveva ormai diciassette anni. "Ho parlato con i miei colleghi e mi hanno detto che stai perdendo la voglia di studiare... Va tutto bene?"

Giacomo abbassò lo sguardo.

"Non è che non ho voglia... È che..."

"Pensi solo alla scultura, non è così?"

"È l'unica cosa che mi fa stare bene, professore... Quando intaglio non devo pensare a tutto il resto, mi immergo nel mio mondo e lì sono in pace, mi capisce?"

Lari sospirò.

"Credo di sì," disse. "Comunque sia, ti ho iscritto a questo concorso affinché tu possa dimostrare al preside e ai colleghi delle altre discipline che non prendo le tue difese per simpatia, ma perché hai un grande talento che merita di essere valorizzato."

Giacomo accettò con molta apprensione e tanti dubbi, e per tre mesi dedicò ogni sforzo alla realizzazione dell'opera che aveva deciso di presentare: un lupo in legno di ciliegio nell'atto di dilaniare il ventre di una nuvola. Lari non volle mai aiutarlo o interferire nel suo lavoro e più d'una volta, di fronte alle difficoltà tecniche, Giacomo si lasciò sopraffare dallo sconforto e pensò di rinunciare. Un giorno, mentre lavorava di rifinitura su un dettaglio del muso, scheggiò accidentalmente un occhio del lupo. Perse la pazienza, scagliò mazzuoli e scalpelli contro il muro del laboratorio e si sedette a terra piangendo. Ma il mattino dopo era di nuovo lì, a lavorare con ancora più motivazione.

Il giorno della premiazione era teso e si mordeva di continuo le nocche delle dita. Si aggiudicò il primo premio e finì perfino sui giornali locali. Giacomo era incredulo, per la prima volta nella sua vita era stato riconosciuto il valore di una cosa fatta da lui, con le sue mani. Un calore nuovo partiva dal cuore per irradiarsi in tutto il corpo. Arrivò a dirsi che se c'era stato qualcuno capace di valorizzare il suo lavoro, allora nel mondo ce ne sarebbero potuti essere anche degli altri.

Ma il preside del Selvatico non era tra questi.

"Senta bene, Nef," esordì dopo averlo convocato nel suo ufficio insieme al professor Lari. "Io non posso chiudere un occhio sulle sue gravi insufficienze nelle altre materie soltanto perché è bravo a scolpire il legno, questo lo deve capire," e si accese una sigaretta rimanendo seduto alla scrivania. Poi spostò lo sguardo su Lari. "Non è vero, professore?"

"Lei ha ragione, preside," rispose questi, "tuttavia bisogna anche considerare la situazione particolare di Giacomo Nef, voglio dire: la sua storia personale, l'assenza di una famiglia e tutto il resto. E questo è un istituto d'arte, non un liceo classico... è vero che gli studenti devono dar prova di acquisire conoscenze sufficienti in ogni disciplina, ma il nostro compito principale è quello di formare artisti e maestri d'arte, e mi pare che Giacomo abbia chiaramente la stoffa dello scultore, questo è innegabile, no?"

Il preside tacque, e i suoi occhi tornarono su quelli di Giacomo.

"Ragazzo!" disse con tono severo dopo un profondo tiro di sigaretta. "Mettiti subito a studiare o da qui non uscirai con un diploma, il resto sono chiacchiere, intesi?"

Ma a Giacomo studiare proprio non riusciva: quando si metteva seduto davanti a un libro o a un quaderno i suoi pensieri volavano al suo passato. Allora usciva di casa, o talvolta prendeva un foglio e scriveva a Titta e Celestino. La nostalgia che a Belluno gli aveva impedito di scrivere loro con assiduità era evaporata. Quel sottile filo che li univa era l'unico mezzo per ammansire la tristezza che provava per come erano stati separati.

Ma le ultime notizie dei fratelli risalivano a un anno prima, quando gli era stato comunicato dalla segreteria dell'Antonianum che Titta era andato a lavorare nel nord della Germania e Celestino si era trasferito addirittura in America.

"Caro Titta" e "Caro Celestino" scriveva nelle lettere che poi affidava alla segreteria del collegio pregando di farle spedire ai nuovi indirizzi dei fratelli. "Come stai? Io sono a Padova, una grande città dove ci sono tanti palazzi storici, piazze, chiese gigantesche. Qui scolpisco, sai? Ho imparato molte cose sull'intaglio e finalmente sento che sto diventando bravo. Però mi mancano le montagne, ma non voglio più tornarci se non ci sei anche tu. Certe volte chiudo gli occhi e mi vengono in mente le corse che facevamo sui prati, e la neve, e le sfide a *sciscuré*. La vita a Daghé era dura, e il nonno ancora di più, ma almeno eravamo tutti insieme. Dimmi, non ti manca il Civetta, non ti manca la Marmolada, e l'enrosadira sul Pelmo? E nemmeno io ti manco un po'? Mi dispiace da morire per quello che è successo, ti prego di perdonarmi. Da quando ho visto quell'uomo impiccato nel bosco è cambiato tutto, ma non l'ho fatto apposta, credimi. Rispondimi, ti prego. Intanto cerco di non perdere la speranza di vederti presto.

Tuo, Giacomo."

Una risposta non arrivò mai, finché dalla segreteria gli mostrarono gli avvisi di mancato recapito a causa di un cambio di indirizzo del destinatario. Allora Giacomo perse ogni speranza.

Con i compagni non si trovava, gli sembravano così diversi. Così protetti dalle famiglie, così amati. Gli faceva male. Le ragazze gli piacevano ma con nessuna riusciva a parlare serenamente come da piccolo faceva con Teresa.

Bastava che lei lo guardasse negli occhi perché lui si sentisse meglio.

Non aveva mai fretta, Teresa, e con lei si poteva stare anche mezz'ora senza parlare ché tanto si capivano lo stesso. Anziché metterlo in soggezione, quel suo sguardo intenso gli infondeva sicurezza, lo faceva sentire importante. Le ragazze di Padova guizzavano di qua e di là come trote e sembravano non avere mai tempo per le parole che contano davvero.

Iniziò a frequentare le osterie della città, dove nessuno gli chiedeva niente, nessuno si aspettava niente e tutti dimenticavano in fretta.

Molte furono le mattine in cui Giacomo si recò a scuola direttamente dalla piazza, senza aver chiuso occhio e senza che al collegio si fossero accorti della sua assenza. Usciva dalla finestra della camera, si calava lungo la grondaia e il tetto e con un piccolo balzo scendeva sul marciapiedi.

"Giacomo, così non va," gli disse dopo un mese Lari.

Gli aveva chiesto di fermarsi un attimo dopo il suono della campanella. "Mi metti in difficoltà. Come faccio a difenderti ancora?"

"Professore, mi spiace ma... Meglio che mi lasci stare..."

"Il talento da solo non basta. Senza sacrificio, organizzazione, rigore, non si va da nessuna parte, Giacomo. Qui c'è il rischio concreto che tu venga bocciato, mi capisci? Vale la pena buttare via tutto questo tuo talento e ripetere l'anno? Cosa vuoi fare nella vita?"

Giacomo rimase in silenzio. Aveva deluso il suo maestro, ma non poteva fare altrimenti.

Un mattino di febbraio, alla soglia del suo diciottesimo anno di età, con gli studi che ormai erano naufragati per numero di assenze e gravità dei voti, Giacomo fu attratto da un foglietto appeso sul muro dell'osteria Nane della Julia: "Artigiano del legno cerca apprendista. Zona Savonarola", seguito dal numero di telefono. Giacomo rovistò tra le tasche dei jeans, trovò un gettone, si infilò in una cabina telefonica e chiamò.

13.

Giacomo voleva prendersi la sua vita una volta per tutte, anche a costo di patire un po' la fame, che tanto non sarebbe stata certamente la prima volta. Prese lo zaino con i suoi segreti, la valigia e i documenti nuovi che gli erano stati fatti avere dai Gesuiti e se ne andò da quel posto dove secondo lui c'erano più crocifissi che idee.

L'uomo che aveva affisso fuori dall'osteria il foglietto con cui cercava un apprendista si chiamava Bepi Dal Canto ed era uno degli artigiani più noti e accreditati in città. Lavorava soprattutto come maestro restauratore di mobili antichi, potendo contare su una clientela facoltosa.

Gli fece poche domande, Giacomo gli piacque subito e lo assunse offrendogli una paga modestissima ma assegnandogli a titolo gratuito il monolocale a fianco della bottega, un appartamentino che fino a quel momento aveva accolto studenti universitari.

Giacomo non pensò ad altro che imparare tutti i trucchi di un mestiere che pur non appassionandolo del tutto, gli piaceva. Grazie a Dal Canto imparò non solo a restaurare mobili antichi ma anche a riconoscerne il valore e trattare il prezzo con chi veniva nella bottega per comprare o vendere pezzi pregiati. Non smise però mai di scolpire. Si procurava il legno da intaglio e lavorava ogni volta che aveva del tempo libero, e talvolta perfino la notte. Continuò a perfezionarsi e a migliorare la tecnica ispirandosi alle opere lignee dei grandi maestri che trovava su "Arte", una rivista specializzata che veniva recapitata ogni mese in bottega. Nel frattempo si innamorò di Daniela, una studentessa universitaria iscritta al terzo anno di Filosofia. I primi tempi insieme a lei si sentì bene, Daniela aveva la patente e lo andava spesso a prendere con la sua Renault 4 rossa per andare al cinema o a vedere qualche concerto punk nei locali più alternativi di Padova. In primavera invece si recavano a fare passeggiate sui Colli Euganei o a qualche festa in casa di amici di lei, dove tutti fumavano marijuana e parlavano di cose che a Giacomo non interessavano un granché. Non passò molto tempo prima che lui si stufasse di quella relazione e delle persone che giravano ogni giorno e ogni sera intorno alla vita di Daniela. C'era solo una cosa che lo rendeva felice, lo sapeva bene.

Dopo quattro anni trascorsi con Dal Canto lasciò la bottega patavina e si trasferì a Venezia per voltare pagina. Per pagare ogni mese la locazione di un monolocale a Castello e portare a casa il pane fece il fattorino per un albergo e lo scaricatore di pesce al mercato di Rialto, ma con i risparmi che aveva messo da parte a Padova affittò un piccolo magazzino cieco e lo trasformò nel suo primo laboratorio. Si disse che l'amore per una donna non l'avrebbe salvato, ma la scultura probabilmente sì.

14.

Giacomo cercava di ingannare l'attesa guardando dalla finestra i lavoratori e i pescatori che navigavano avanti e indietro per il rio a bordo di *sandole*, *tope* e *mascarete.* Poi recuperò il cappotto e, con l'emozione che gli bussava nel cuore, uscì per andare all'appuntamento con De Zolt.

Giunse alla chiesa di San Pantalon e dopo pochi minuti arrivò davanti alla trattoria "Porca l'Oca", dove lo storico bellunese era già lì ad aspettarlo. Non aveva mai visto Giacomo di persona ma lo riconobbe subito e si fece avanti.

"Buongiorno Nef," disse porgendogli la mano. "Sono felice di conoscerla." La sua voce era più acuta di quella al telefono qualche giorno prima.

"Piacere mio," disse Giacomo. "Ha trovato subito? Grazie di essersi scomodato per venire fin qui."

"Ne sono felice. Mi muovo così poco da Sedico che ne ho approfittato per fare una gita a Venezia, e poi non volevo perdere l'occasione di conoscerla di persona. Non capita a tutti..."

Giacomo sorrise e per spezzare sul nascere quella frase già sentita lo invitò a entrare nella locanda. "Lo sa perché ho deciso di incontrarci qui?" disse.

"Per il pesce?"

"Qui fanno la migliore *linzer torte* di tutta Venezia, adoro questa torta fin da bambino."

De Zolt non capì se Giacomo stesse scherzando.

"In questa città il pesce si mangia bene quasi dappertutto, ma la mia torta preferita non si trova da nessuna parte, eccetto qui."

Ordinarono un piatto di spaghetti alle vongole e una bottiglia di Soave. Aspettarono di aver terminato le due fette di *linzer* prima di affrontare la questione che li aveva condotti lì.

"Guardi Nef, in verità non è detto che ciò che ho scoperto riguardi direttamente il mistero del suo impiccato nel bosco...."

Giacomo inarcò un sopracciglio. Perché la gente non dice mai le cose chiaramente?

De Zolt si sistemò sulla sedia, deglutì e proseguì. "A me risulta che dalle sue parti nel 1954 sia scomparsa una sola persona, che viveva a Sottoguda, o Stagùda, in lingua ladina. E mi creda, non è stato per nulla facile venirlo a sapere, perché non vi sono fonti istituzionali che attestino questo tipo di fatti. Né denunce ai Carabinieri, né altri documenti."

Giacomo lo ascoltava mentre dalla finestra osservava il canale trafficato dove i facchini scaricavano le barche.

"Me ne ha già parlato Venier. Chi è questa persona?"

"Ecco... Come appunto le avrà detto Venier era un ebreo. Il che non è così strano perché in alcune aree delle Dolomiti vi sono sempre state diverse piccole enclavi giudaiche che vivevano in pace assieme ai cristiani, ne sono testimoni alcuni cognomi ladini. Certo, questo fino a prima dell'avvento del fascismo..."

"E chi è quest'uomo, come si chiamava?" tagliò corto Giacomo posando la forchetta sul piatto.

"Abram Nunes. Così si chiamava. Abram Nunes."

Entrambi tacquero per qualche istante. Giacomo stringeva il tovagliolo per l'emozione. Dopo quarant'anni l'impiccato nel *Bosch Negher* aveva un nome e un cognome. Non c'era nulla di certo, ma quella piccola speranza per lui era già tanto. Abram Nunes poteva essere proprio lui, lo sconosciuto appeso a una corda nel buio del bosco, lo sconosciuto che era stato l'ossessione, il grande mistero della sua vita. L'ignoto di cui lui possedeva uno scarpone.

"Non so niente di più, Nef, glielo dico già. Nessun uomo con questo nome è mai stato registrato all'anagrafe di Stagùda e come se non bastasse nessun registro battesimale della zona ha il suo nome documentato, trattandosi di un ebreo."

"E come ha fatto a sapere della sua scomparsa?"

"Ho sparso un po' ovunque la voce. Allora un giorno un amico di Alleghe mi ha detto che suo padre gli aveva accennato di questo signore che viveva da solo e che a fine estate di quell'anno era sparito come un fungo raccolto nel bosco e messo nella cesta. La piccola casa, dove secondo questo vecchio dimorava tale Abram Nunes, oggi non esiste più. Al suo posto c'è un grande albergo di lusso. Pare che non avesse rapporti con nessuno a parte qualche contatto superficiale per necessità. Non era nativo di lì, ma non so niente di più."

"Capisco..."

"Sa, Nef, molti credono che la solitudine sia un problema delle città e dei giorni nostri, ma non è mica vero che si stava meglio quando si stava peggio..."

15.

Il giorno seguente a Venezia uscì il sole e un vento sostenuto di bora bianca cominciò a spazzare via l'umidità rendendo l'aria limpida e secca.

Giacomo si tirò giù dal letto tardi, con la testa pesante e confusa, svegliato dal vociare dei pescatori.

Dopo aver bevuto il caffè si toccò la spalla sinistra e il braccio, sempre doloranti, specie dopo il risveglio. Spalancò la finestra e avvertì una ritrovata leggerezza nell'aria. Lungo le fondamenta molte persone, soprattutto turisti, studenti dell'Accademia e del vicino liceo artistico con gli zainetti sulle spalle, camminavano rapide e indaffarate come formiche su un acervo, muovendosi di qua e di là del rio di San Trovaso.

Aveva voglia di uscire. Non faceva una bella passeggiata da settimane. La nuova scultura lo aveva risucchiato e adesso sentiva il bisogno di scendere e camminare fino a stancarsi. Come da bambino, quando si incamminava tra selve, prati e rocce. Un senso di avventura ed eccitazione.

Addentò un vecchio pezzo di pane, si legò i capelli bianchi dietro la nuca, indossò il cappotto e scese le scale. Giunto sul marciapiede, chiuse gli occhi e respirò a fondo. Il sole sostava già alto e la salsedine trasportata dal vento gli pizzicava il naso. Guardò il cielo azzurro, non lo vedeva così profondo da tanto tempo. L'aria era cambiata e l'umidità tignosa sembrava un lontano ricordo, ma lui sapeva che Venezia era così: ingannevole, volubile, beffarda. Non si sarebbe stupito se quella sera stessa il mantello bianco col fiato pesante del cielo avesse nuovamente messo il coperchio sui tetti e sui canali della città.

Valeva la pena godersela, una mattinata così. Allora si incamminò verso nord e, per calli e campielli laterali e solitari, arrivò fino a Cannaregio, poi alla Chiesa dei Miracoli e infine a Fondamenta Nuove, dove trovò un angolino indisturbato e si sedette in pace sulla riva di marmo, con le gambe penzoloni a pochi centimetri dal pelo dell'acqua.

Le campane delle chiese intorno rintoccavano il mezzogiorno.

Davanti a sé Giacomo vide il grande cimitero di San Michele e, più lontana, Murano. Tra lui e quelle isole c'erano un paio di vaporetti e un barchino di folpari con un cane nero sulla prua eretto come una vedetta. La bora bianca soffiava forte e il sole illuminava tutto il bacino verso Burano e Torcello. L'aria era così tersa che lontano, molto lontano, Giacomo riuscì a scorgere chiaramente i crinali e le creste delle Alpi. Era una giornata di "stravedamento", e infatti ancora più in fondo, eccole, le sue Dolomiti. Alla vista di quelle montagne sentì un improvviso groppo in gola.

Chiuse gli occhi, udì la voce del vento e poi lo sciabordio ritmato delle onde che lambivano la riva e si frangevano sulla sponda come se volessero chiedergli di giocare. Smesso il suono delle campane, il cielo venne attraversato dal verso ripetuto dei gabbiani, a Giacomo parve una forma di saluto.

Guardò ancora l'orizzonte.

Riconobbe la Pale di San Martino, la Marmolada, il Civetta, il Pelmo e il Sorapiss.

Eppure si trovava a Venezia.

Guizzanti come salmoni, i suoi pensieri risalirono la corrente del tempo e lo portarono indietro di quarant'anni, a quel pomeriggio tempestoso di fine agosto del '54, all'impiccato sconosciuto nel *Bosch Negher* e al suo scarpone. Per anni aveva interpretato quella visione come un segno premonitore e nefasto di ciò che sarebbe accaduto di lì a breve, finendo per lacerare la sua infanzia e gli anni seguenti.

Ma le cose non stavano così, e Giacomo lo aveva capito da poco, da quando cioè aveva ricevuto la lettera della Tina, Katharina Thaler. Erano state le parole di quella donna, ricomparsa nella sua vita all'improvviso, meno di un anno prima, a fargli comprendere che i misteri sono tali finché non si fa luce sulle loro ombre. Era stata la sua lettera a dare a Giacomo il coraggio di indagare su quella visione nel bosco e a smuovere il suo desiderio di conoscere la verità, senza più paura di addentrarsi in oscuri e pericolosi arcani.

Fissò le sue montagne.

Sto tornando..., pensò con gli occhi lucidi.

Appetito non ne aveva. Si rialzò, si sistemò il bavero del cappotto e prese la strada del ritorno. Inchiodato a quei pensieri e alle parole della vecchia cacciatrice, affrettò sempre più il suo passo e, anziché rientrare a casa, si recò direttamente nella tana dell'orso.

16.

Giunto nel suo laboratorio, Giacomo si sfregò le mani ruvide e si inginocchiò davanti alla stufa.

Sul fondo della camera di combustione mise una pagina di giornale accartocciata e della segatura, poi vi posò sopra alcuni ciocchi di faggio smezzati e accese il fuoco in pochi istanti. Quando le fiamme si ravvivarono, si sfilò il cappotto e andò subito ad aprire un cassetto della vecchia madia. La lettera gli era stata consegnata da Elena la primavera precedente, senza darle troppo importanza.

"Quasi mi si sbriciola in mano, chissà quant'è vecchia..." gli aveva detto Elena nella tana dell'orso. "L'ha scritta una tale Tina, probabilmente molto tempo fa... La conosci?"

Giacomo era sobbalzato.

"Chi?" aveva detto.

"Tina T. Me l'ha spedita un giovane prete che fino a qualche mese fa è stato parroco a Livinallongo, ma ora è partito in missione in Angola. Ha allegato due semplici righe di suo pugno per presentarsi e si è raccomandato di fartela avere."

Giacomo aveva posato il mazzuolo sul tavolo da lavoro e si era scostato dalla piallatrice. Si era avvicinato a lei, che aveva continuato: "Il prete, facendo dei lavori di riordino in canonica, ha scovato questa vecchia lettera indirizzata a te chissà quanto tempo fa, si era persa tra le vecchie scartoffie del suo predecessore. Lui non l'ha mai aperta, mi ha assicurato, ha fatto invano delle ricerche per capire chi tu fossi e contattarti direttamente finché in qualche modo è risalito a me. Poi fammi sapere che sono curiosa!". Ed era uscita posando la lettera sulla madia e chiudendo la porta dietro di sé.

Era stanco, ma quella camminata fino a Fondamenta Nuove e lo "stravedamento" gli avevano fatto bene. Tenendo la lettera fra le dita con delicatezza, Giacomo si sedette tra la stufa e il *Desconesciü*, le cui sembianze mutavano e si deformavano sotto i riflessi fiammeggianti. Osservò la busta ingiallita e la rigirò tra le mani. Su un lato comparivano il suo nome e cognome, sull'altro un nome e una iniziale: Tina T.

Si mise comodo e la rilesse per l'ennesima volta mentre il fuoco crepitava.

Giovane Nef,

sono passati cinque anni dal nostro incontro nei boschi quando riportavi a casa le capre degli Stufles. Da queste parti tutti mi hanno sempre guardata con sospetto e timore. Chissà quante ne hai sentite sul mio conto, eppure tu non sei scappato quando eri steso sul prato a Cenglèi e sono comparsa io. Avevi paura e tremavi come una lepre braccata, ma sei rimasto lì e hai parlato con me.

Erano i giorni in cui ti eri messo nei guai perché avevi rivelato ai tuoi amici di aver visto un impiccato nel Bosch Negher. Nessuno ti credette ma io sì, ricordi? Gli uomini e le donne di Fodòm temevano che con quella visione stavi attirando nuove sciagure sulla comunità. E lo sai perché, giovane Nef? Quell'uomo nel bosco riportava a galla i fatti tragici del passato. Inconfessabili. Ti dissi che questa montagna veniva chiamata Blutberg, la "montagna di sangue" e che qui il cielo aveva assistito a inaudite crudeltà sia durante la Gran

Vèra che durante l'occupazione tedesca. Ciò che non ti dissi è che anche negli anni successivi alle guerre, in un tempo che doveva essere di pace, accaddero molti crimini. Il Bosch Negher è stato chiamato così, giovane Nef, perché in esso sono nascosti le vendette, le colpe, i segreti più neri di molte famiglie fodòme.

Nella vita non esistono grandi misteri. I misteri non sono che segreti, e i segreti tornano sempre a galla attraverso le leggende. A volte basta un piccolo fatto per risalire alla verità che dalle leggende conduce alla Storia. Ecco perché tutti si spaventarono alle tue parole, perché un minuscolo sassolino può smuoverne altri e risvegliare una grande frana che riporta alla luce tutto il Negher. Tutti hanno qualche segreto da nascondere in quei boschi.

Lo sapeva bene anche tuo nonno, che ti picchiava e ti umiliava chiamandoti "bastardo" solo per scaricarti addosso la sofferenza che lo ha accompagnato per tutta la vita, quella di essere nato da una relazione tra sua madre e un mercante di stoffe trentino che passava ogni mese da queste parti. Colpiva te per rivalsa.

Ma non era una persona cattiva, era solo un debole, un vile. Ed era ferito a morte perché aveva perso anche l'unico suo figlio, tuo padre, in quella maledetta guerra di Russia. Tu glielo ricordavi, giovane Nef. Io ricordo tuo padre bambino, gli somigli, e lui non voleva, era un dolore intollerabile.

Io ho visto una luce speciale nei tuoi occhi, giovane Nef. E io per certe cose non mi sbaglio. Tu sai intuire verità che gli altri non vedono o, peggio, si rifiutano di vedere. Sii sempre coraggioso come le aquile che volteggiano sulla cima del Col de Lana, e come loro vola alto!

Oggi stesso busserò alla porta della canonica di Pieve e se don Floriano si degnerà di aprirmi, gli consegnerò questa lettera con le mie mani, spero abbia l'umiltà di accettarla. Gliela affiderò con la preghiera di fartela avere, ovunque tu sia. Sono certa che ti arriverà. Se un giorno vorrai rivedermi e sarò an-

cora viva in questo mondo, sai che mi potrai trovare qui tra le selve e i prati dove sono una donna libera. Se invece non ci sarò più, non dire preghiere per me davanti a una croce, ma piuttosto sussurra il mio nome al vento delle Dolomiti.

Buona vita, giovane Nef

la vegia Tina da Tie,
Katharina Thaler

17.

Il giorno dopo aver ricevuto la lettera della vecchia Tina, Giacomo si era sentito male ed era andato a letto con la febbre alta. Nel corso della notte era stato preda di deliri.

Si vide bambino, aveva dieci o undici anni. Si trovava in una stanza che non conosceva. Alle sue spalle c'era una porta socchiusa, dalla quale filtrava la luce del sole. Le si avvicinò lentamente e tirò la maniglia. La porta svanì e adesso sotto i suoi piedi c'era un sentiero che si snodava in un bosco rigoglioso di faggi, sorbi, betulle e carpini, le cui fronde più alte si toccavano e si abbracciavano creando una galleria di rami e foglie gentili, che invitava a procedere nel cammino.

Giacomo mosse i primi passi con cautela, diffidente.

Improvvisamente vide suo nonno davanti a sé. Stava in piedi in mezzo al sentiero, sorrideva e sembrava lo stesse aspettando.

"Buongiorno, nonno," lo salutò a bassa voce.

Lui rispose chinando la testa in segno di rispetto. I suoi occhi parevano due frecce nere pronte a scoccare. Era vestito in abito tradizionale ladino, con il *sarner*, i pantaloni in lana nera e il *dreispitz* grigio con un pennacchio fatto di piume e penne di ghiandaia. La pelle del suo viso era brunita come la terra, rughe profonde solcavano la faccia e attorniavano due baffi bianchi.

"Vieni con me," gli disse con un tono di voce rassicurante. Allungò il braccio destro e gli tese la mano.

"Ti accompagno io. Non lo riconosci il sentiero?"

Giacomo fece no con la testa, poi mise la sua mano in quella secca e ruvida del suo vecchio.

"Benvenuto nel *Triòl dei Mòrc*!"

Giacomo ebbe paura, ma si lasciò guidare dal nonno.

La luce del giorno si affievolì facendosi arancione e poi rosa e violetta.

"Tra poco sarà buio..." provò a dire Giacomo.

"È proprio per questo che siamo qui," disse il nonno, e poi sorrise, continuando a camminare. "Ti voglio mostrare una cosa importante."

Giacomo provò a liberarsi dalla sua mano, ma lui la strinse forte e continuò ad avanzare sul sentiero, finché il sole scomparve dietro il Sella e il cielo imbrunì. Dal bosco iniziarono a levarsi delle voci che cantavano dolcemente.

"Eccole!" esclamò il nonno fermandosi sul posto quando ormai era scesa la penombra della prima notte.

"Le senti? Senti questi suoni?"

"Sì..." mormorò Giacomo, impaurito.

"Sono le *vìdole*, le voci dei nostri antichi morti. Ma tu non avere paura, andiamo avanti!"

Procedette al buio senza vedere il sentiero, eppure con passo certo e sicuro.

La notte calò su di loro come un pesante mantello, e di colpo il vecchio Nef si fermò.

"Eccole, finalmente!" esclamò.

Davanti a loro comparvero due piccole luci azzurre che, sospese nell'aria, iniziarono a muoversi leggiadre come se stessero danzando, per loro due.

"Cosa sono?" chiese Giacomo nascondendosi dietro il corpo del nonno.

"Sono i *löm dles püres animes*! Le luci delle anime pure. Sotto il Tirolo venivano chiamate *lichter.*"

"Sono cattive?"

"Qualcuna sì, qualcun'altra no, proprio come i vivi. Le

luci vaganti possono avvisarti di qualche disgrazia imminente o darti un ammonimento, oppure suggerirti qualcosa o ancora... condurti via per mostrarti dei..."

Stavolta fu Giacomo a stringersi alla sua mano, dopodiché lo abbracciò da dietro; intanto comparvero altre fiammelle azzurre, li attorniarono, danzando nell'aria ipnotiche, muovendosi al suono continuo delle *vìdole*.

Giacomo chiuse gli occhi un istante e quando li riaprì si ritrovò da solo, nella foresta, perso nel buio pesto della notte, e l'unica fiammella rimasta, con un sibilo seducente, si mosse come se volesse invitarlo a seguirla. Lo condusse nel fitto della foresta, sempre più avanti, sempre più avanti, fino a che si fermò di fronte a un grande larice che si poteva scorgere appena.

"È qui che volevi portarmi, lucina? Volevi mostrarmi questo larice?"

Giacomo fissò il fusto della pianta e come per incantesimo tra le pieghe della corteccia vide apparire il volto rugoso di Angelo Nef.

Il ragazzino fece un balzo indietro.

"Smettila di avere paura!" gli disse il nonno trasformatosi in albero.

Giacomo si coprì gli occhi con le mani, mentre insieme alle *vìdole* si sentivano forti i versi dei gufi reali e l'ululato dei lupi, lontano.

"Guardami e ascolta bene le mie parole," lo ammonì il vecchio-albero.

Giacomo aprì lentamente le dita delle mani sul viso per poter sbirciare.

"Giacomo."

"Sì..."

"Lo sai cosa devi scolpire?" lo incalzò il nonno.

Lui fece cenno di no con la testa.

"Devi scolpire ciò che hai visto. Ecco cosa devi fare!"

Giacomo annuì, senza capire.

Il nonno scandì bene le parole e ripeté:

"Devi scolpire ciò che hai visto nel *Bosch Negher*".

18.

Elena Meyer entrò nella tana dell'orso senza chiedere permesso, come si fa tra fratelli. Si sfilò la sciarpa e si tolse dalla testa il *pakol* afgano. Nonostante avesse quasi cinquant'anni e due figli ormai maggiorenni, sembrava una ragazzina. Non stava mai ferma con il corpo e con la mente. Elena era la sua nemesi. Lei non aspettava la vita, la aggrediva.

"Qua dentro fa sempre un freddo cane!" esclamò rimettendosi la sciarpa con una smorfia. "Mi chiedo come tu riesca a lavorare con questo clima polare."

Giacomo la guardò e sorrise. "Non ho ancora acceso la stufa... Non si chiede più 'permesso'?"

"Era aperto..."

"Era aperto..." ripeté lui imitando la sua voce per prenderla in giro. "Vieni avanti, ti voglio mostrare la scultura finita".

"Mio Dio! Non avevo coraggio di chiedertelo."

Lui sorrise di nuovo.

"Vieni, siediti qui," le disse porgendole una sedia davanti alla statua.

Giacomo sollevò il telo.

"*Desconesciü.* Si chiama così."

Elena rimase a bocca aperta, incantata. Quell'impiccato senza volto aveva una forza devastante. Giacomo prese una bottiglia di sidro e ne versò due calici, poi ritornò al suo fianco. Lei sollevò il bicchiere senza nemmeno guardarlo, con gli occhi fissi sul *Desconesciü*.

"Allora?" le chiese facendo tintinnare il calice contro quello di lei.

"Giacomo... è il tuo più grande lavoro..."

"Prosit!" esclamò lui, e bevve tutto d'un fiato.

"L'Università di Padova si è aggiudicata una grande opera d'arte... c'è una magia che non riesco a capire, qualcosa di arcano, di misterioso. Se devo essere sincera, mi fa paura, Giacomo."

"È proprio così che deve essere," rispose lui.

Poi lo sguardo di Elena si soffermò sullo scarpone.

"E quello?"

"Una vecchia storia... La mia storia."

"Perché in tutti questi anni non hai mai voluto tornare al tuo paese nemmeno una volta?" gli chiese dopo un breve silenzio.

"Se fai un bruttissimo sogno e ti svegli di colpo, poi speri di riaddormentarti per rifarlo?"

Lei lo guardava attentamente.

"Certo che no!" gli rispose.

"Non ero pronto a 'riaddormentarmi', capisci? Ma ora sento che, sì, posso farlo. Posso tornare lassù. La memoria, i ricordi non mi spaventano più. È stato come risalire una lunga ed esposta parete di roccia, ma credo di esserci finalmente riuscito. E ti devo molto, lo sai. Voglio chiudere un cerchio. Com'è che l'hai chiamato l'altro giorno Ti... Ti?"

"*Tikkun*," disse lei sorseggiando il sidro.

"Ecco, una cosa così. Però mi manca ancora un ultimo passaggio, un tassello, e tu forse puoi aiutarmi. Potresti procurarmi un incontro con il rabbino di Venezia?"

19.

Fu il rabbino in persona a presentare a Giacomo la professoressa Rachele Ravà, una studiosa della comunità esperta di storia ebraica sull'arco alpino nord-orientale. Ravà era una settantenne elegante e affabile, dai modi molto cortesi. Era originaria di Cuneo e viveva a Venezia da trentacinque anni. Si diedero appuntamento in Campo del Ghetto Novo. Fecero due passi per Cannaregio, e poi si fermarono a bere qualcosa in un bar a Rialto.

"Veda, signor Nef," disse lei, "è impossibile risalire all'identità di questo Abram Nunes. È un cognome di origine sefardita, cioè di quegli ebrei provenienti da Portogallo e Spagna fuggiti dalla violenza della Reconquista. Limitandoci ai nostri territori, alcuni Nunes sono attestati qui a Venezia nel XV secolo, altri sul confine tra Austria, Italia e Svizzera. Sono al corrente di diversi Abram, anche con le varianti Abraam o Abraham, sparsi nella provincia di Belluno, ma per lo più risalgono agli anni Venti e Trenta, poi spediti nei campi di sterminio. Ci sono alcune documentazioni che attestano anche di qualche famiglia di nome Nunes o Nunez, di cui due in Val Ridanna e una a Vipiteno, ma di un individuo che risponde al nome completo di Abram Nunes non ho alcuna notizia. Nei secoli scorsi sono state diverse le comunità ebraiche presenti sulle Dolomiti, qualcuna addirittura fiorente. E anche fino all'avvento del fascismo. Pensi che durante la Seconda guerra mondiale la provincia di Belluno era diventata sede di domicilio coatto per numerosi ebrei stranieri, molti dei quali provenienti dalle zone annesse o occupate dalla Jugoslavia."

"Non lo sapevo..." disse Giacomo inarcando le sopracciglia.

Lei sorseggiò il cappuccino e continuò:

"Sono in pochi a saperlo o a ricordarlo, ma è così. I documenti dell'epoca testimoniano che nel settembre del 1941 erano ventitré gli ebrei arrivati a Quero dal campo di Ferramonti di Tarsia, in provincia di Cosenza. Se nel 1938 gli ebrei residenti in provincia erano una decina di persone appartenenti ad appena quattro famiglie, nel 1941 la questura di Belluno comunicava alla prefettura quattro fogli di censimento degli ebrei, con ottantasei nomi comprensivi di ebrei stranieri internati nella provincia ed ebrei italiani che risiedevano in altri centri del bellunese. E nel mese di settembre del 1943 erano centosettantuno gli ebrei tra Agordo, Cencenighe, Domegge, Feltre, Fonzaso, Forno di Zoldo, Lamon, Longarone, Mel, Puos, Quero e Sedico, molti poi deportati e sterminati nei campi di Fossoli e Auschwitz. Senza contare tutti quei cristiani che hanno origini ebraiche senza saperlo, e sono molti, mi creda! Tutti discendenti di quei marrani costretti a convertirsi in circostanze più o meno tragiche...".

"Incredibile. E più su, dalle mie parti, sulle Dolomiti?"

"Potrei dire di presenze di ebrei a Cortina d'Ampezzo, ma anche in Val di Fassa, in Val d'Ega, in Val Biois, Val Badia, fino a Merano, che non è sulle Dolomiti ma pur sempre sulle Alpi nord-orientali. Ma tutto qui."

"Insomma, un sacco di informazioni ma nessuna su questo Abram Nunes."

La donna strinse le labbra. "Nessuna, purtroppo. Mi spiace." Poi finì di bere il cappuccino.

"Questo significa che rimarrà un mistero..." mormorò Giacomo.

"E chi può saperlo, signor Nef? Chi può saperlo?"

Lo disse con un tono malinconico e il suono di quelle parole a Giacomo fece venire in mente gli aghi di larice che alla fine dell'autunno, dopo essersi tinti di giallo per settimane, poco a poco imbruniscono e si staccano dai rami precipitando al suolo in sottili pagliuzze ramate.

20.

Quello di quattro giorni dopo non fu un risveglio qualsiasi, e per certi versi non fu nemmeno un vero e proprio risveglio, visto che a Giacomo sembrò di non aver chiuso occhio tutta notte.

La spalla e il braccio gli facevano male, più del solito. Prese un antidolorifico. Quando finalmente l'orologio alla parete segnò le tre del pomeriggio, serrò le imposte, da un cassetto della camera prese una grande chiave arrugginita e la nascose in una fodera interna della valigia, chiuse tutto e uscì attraversando San Barnaba, campo Santa Margherita, i Tolentini, per giungere infine a piazzale Roma.

Vide Elena che da lontano si sbracciava per attirare la sua attenzione. Niente cappello in testa, indossava un lungo cappotto verde, portava degli enormi occhiali da sole e i suoi capelli erano legati in una lunga treccia. Quando capì che Giacomo l'aveva individuata nel trambusto della folla di turisti, di taxi e di mezzi pubblici, fece il giro della sua coupé nera e aprì il bagagliaio.

"È tanto che aspetti?" disse lui quando la raggiunse.

"No, però adesso andiamo. Metti la valigia nel bagagliaio. Ci vorranno tre ore per arrivare."

Giacomo sistemò la sua valigia accanto a quella di Elena e attraverso i cristalli vide Inga seduta sui sedili posteriori con la lingua fuori e gli occhi semichiusi per il sole.

"Alla fine l'hai portata per davvero," disse lui. Aprì la

portiera anteriore, accarezzò il labrador retriever nero e si sedette a fianco del guidatore.

"E a chi la dovevo lasciare, secondo te? Dai, che si parte," disse. Accese l'auto.

Il telefonino appoggiato sul cruscotto cominciò a squillare. Lei sbuffò e lo afferrò con un gesto di stizza.

"Pronto?"

Giacomo allacciò la cintura di sicurezza e si mise a osservare la confusione del piazzale oltre il finestrino. Odiava il traffico automobilistico, gli assembramenti di ogni tipo e, in fondo, la gente in generale. Gli venne un senso di nausea.

"Ottimo. Allora tutto a posto. Mi raccomando, lasci tutto com'è..." disse Elena. Poi continuò:

"Sì, noi bene, stiamo partendo adesso, ma... no, no, non è possibile, glielo assicuro... non ci vedremo prima di domattina. Direttamente lì... Sì, sì, okay... Grazie, anche a lei. A domani!" e chiuse la conversazione.

Guardò Giacomo brandendo il telefonino:

"Sai cosa faccio? Lo spengo!" e lo cacciò in malo modo nel cruscotto.

"Era il sindaco di Livinallongo," disse togliendo gli occhiali da sole. "La statua è arrivata in perfetto orario. È coperta, e nessuno la potrà vedere prima di domani. Voleva invitarci a cena ma gli ho detto di no."

"Brava," bofonchiò lui.

Imboccarono il lungo ponte della Libertà che tagliava in due la laguna. Inga si stese occupando tutti i sedili posteriori e si addormentò.

"La cucciola è andata," disse Elena guardando la cagnetta nel retrovisore. "Fa sempre così, lei. Non sapremo di averla fino a destinazione..."

"Che strada facciamo?"

"Non certamente l'Agordina, altrimenti tra due anni siamo ancora in viaggio. Autostrada fino a Longarone, poi Val di Zoldo, Passo Staulanza, Val Fiorentina e infine Fodòm."

Lui chiuse gli occhi e si passò una mano tra i capelli. Sarebbe stata dura combattere l'emozione di tornare lì dopo tutto quel tempo. Guardò fuori. Alcuni pescatori a bordo dei loro barchini districavano delle reti e le collocavano con attenzione in acqua. Il sole entrava dalla parte del guidatore e Elena infilò di nuovo i grandi occhiali scuri.

"Saremo lì per le sei e mezzo, se non troviamo traffico," disse poi.

"Quindi arriveremo col buio," aggiunse lui.

Lei non disse niente e cominciò a premere sull'acceleratore.

Giunsero in terraferma.

All'imbocco dell'autostrada si diressero verso Treviso.

"Joe è in Spagna?" domandò Giacomo di punto in bianco.

"Sì, è a Madrid, tornerà mercoledì. Lui e il suo socio sono in trattativa per acquistare dieci ettari di Tempranillo e Grenache, antichi vitigni autoctoni. Mai bevuti?"

"Nemmeno mai sentiti, se è per questo. A me basta il mio succo di mele fermentato e sono a posto..."

Elena rise.

"Come ti senti? Dimmi la verità... Insomma, tutto a posto? A me interessa solo che questa cosa ti faccia stare meglio, capisci?"

Giacomo tirò giù il lunotto e si studiò gli occhi nello specchietto. Erano lucidi, piccoli, e le vene nelle sclere arrossate come minuscoli coralli. Si vide vecchio decrepito ed ebbe compassione di se stesso. Con un filo di voce disse:

"Lo sai che lo faccio proprio per questo, per stare meglio una volta per tutte. Non è facile ma... È come una medicina amarissima".

Lei abbassò gli occhiali sul naso, gli lanciò un'occhiata e sorrise.

"Hai pranzato, almeno?" gli chiese.

"Sì. Ho anche fatto una bella camminata."

"Dove?"

"Fino all'Arsenale e poi ai Giardini della Biennale."

"Vuoi proprio arrivare stanco morto stasera, eh?"

"L'hai capito!" e rise, mentre la BMW sfrecciava tra i campi desolati e i capannoni grigi della pianura trevigiana.

Elena e Giacomo non avevano bisogno di parlare per riempire il silenzio, a questo ci pensava il rumore dell'auto e Inga che russava, stesa con la pancia all'insù. Ognuno perso nei propri pensieri – chi a mettere insieme un'altra strategia per affrontare i figli in piena crisi giovanile e chi a ripercorrere le tappe che l'avevano portato su quel sedile – arrivarono a Conegliano e poi a Vittorio Veneto.

"Come va con Joe?" chiese Giacomo.

Lei si voltò bruscamente.

"In che senso?"

"Com'è la relazione, com'è il matrimonio dopo tutti questi anni?"

"Alti e bassi, come tutti, ma sono fortunata. Lui è davvero in gamba."

"Quello fortunato è lui."

Elena sorrise.

"Certo, lui ancora di più. Molto di più!"

Risero entrambi.

"Musica?" gli chiese lei sbirciando il cruscotto aperto. "Ci sono un sacco di cd: Blur, Nirvana, Depeche Mode, Beastie Boys, Soundgarden, Portishead..."

Lui aprì il raccoglitore e li guardò uno alla volta. Ne osservò uno in particolare.

"Portishead," disse sventolando il cd *Dummy*.

Le note di *Mysterons* iniziarono a risuonare nell'abitacolo, mentre ai lati della macchina si aprivano i versanti delle Prealpi. Vogliono inghiottirmi, si trovò a pensare Giacomo, cullato dal trip pop ipnotico fino a quando, a Longarone, comparve la diga del Vajont.

"È proprio quella lì!" disse Elena notando che Giacomo la stava osservando.

Gli si contorse lo stomaco. Chiuse gli occhi.

La musica continuava ad andare, e tra le note di *Numb* e *Roads*, Elena imboccò la Val Zoldana cominciando a risalire la strada per il Passo Staulanza.

"Cielo azzurro e paesaggio marrone," disse lei. "Ma per precauzione ho preso le catene."

Giacomo sorrise.
"In montagna le cose cambiano rapidamente, non lo sai?"
"E come faccio a saperlo? Mica sono una strega!"

Quando aveva sette anni Giacomo si avventurò con i suoi amici in una località isolata che si chiamava Rovei. Lì c'era solo una piccola casa solitaria dove si diceva abitasse una strega che tutti chiamavano "la strega di Rovei".

Nessuno aveva mai visto la vecchia in quella casa semidiroccata, tuttavia il camino fumava in continuazione, a tutte le ore del giorno e della notte, perfino d'estate. I vetri della casupola erano rotti e vi erano diversi gatti che gironzolavano lì intorno. I vecchi di Fodòm ammonivano i bambini di non andar lì e quando qualcuno si comportava male la minaccia era sempre la stessa: "Ti porto dalla strega di Rovei!".

Giacomo e i suoi amici, giunti a pochi passi dalla casa, fecero una scommessa per vedere chi avrebbe avuto il coraggio di bussare alla porta. Fu Teresa a farsi avanti, ma Giacomo, per paura che le accadesse qualcosa, si offrì al posto suo. Gli altri allora si nascosero dietro un grande cespuglio di more selvatiche e lui fece due passi in avanti con il cuore che gli scoppiava dalla paura. Quando fu a pochi metri dalla vecchia casa, il portoncino d'ingresso si mosse appena e cigolò così forte che Giacomo si voltò di scatto e si mise a correre come un camoscio seguito dagli amici che urlavano di paura.

"Tu lo conosci?" disse Elena riportandolo alla realtà. Il sole stava tramontando e intorno a loro i colori della notte coprivano quelli del giorno.

"Chi?"

"Come chi? Ma mi stavi ascoltando?"

"No, ero sovrappensiero..."

Elena spense la musica e disse:

"Questo tale, Agostini, il boscaiolo che ho ingaggiato cinque anni fa e che preleva il legno nel *Bosch Negher* per le tue sculture".

"No, non so chi sia."

Fuori dal finestrino Giacomo teneva lo sguardo fisso alla parete sud del monte Civetta e al profilo della montagna. Il sangue bussò forte nel cuore. Percorrere i versanti di quella valle chiusa e oscura diede a Giacomo l'impressione di essere riaccolto in una sorta di utero.

Risalirono la strada mettendo a punto gli orari e gli impegni per l'inaugurazione dell'indomani mattina. Oltrepassarono Forno di Zoldo e poi Dont. Dopo alcune curve secche a destra e a sinistra, nel cielo notturno davanti a loro apparve la sagoma del monte Pelmo.

Nonostante facesse freddo, Giacomo abbassò leggermente il finestrino. L'aria che entrò era buona. Buona come i sogni di un bambino che si addormenta in braccio alla propria madre.

I profumi del bosco e delle rocce, da quanto tempo non annusava quell'aria chiara, sincera, leale. Gli parve addirittura di sentire il profumo delle stelle.

"Non ne ho mai viste così tante. Nemmeno nel deserto del Nevada!" ammise Elena, sporgendo di tanto in tanto la testa verso il parabrezza.

"E poi dici che la montagna non ti piace..."

"Mai detto questo, caro mio. Ho sempre detto che sono i montanari a non piacermi! Sono tutti cocciuti e antipatici come te."

Giacomo rise. Si sentiva meglio. Scollinarono scendendo nella Val Fiorentina.

"Ancora mezz'ora," disse Elena.

Passarono Santa Fosca e attraversarono tutta la valle, quindi lasciarono il Cadore ed entrarono nel territorio ladino di Colle Santa Lucia.

Lassù sul cucuzzolo, la chiesa di Colle fece venire a Giacomo un groppo in gola.

Inga si svegliò sbadigliando sonoramente e si affacciò tra i due sedili anteriori.

Giacomo la accarezzò e si fece leccare le mani.

"Mi devo fermare per prendere le chiavi del tabià dove

alloggerai tu," disse Elena, che non sembrava minimamente stanca per il viaggio.

Fermò l'auto nel centro di Villagrande e parcheggiò nella piazza. "Mi aspetti qui con Inga?" e, senza attendere la risposta, scese dall'auto.

Giacomo si guardò intorno, le fitte alla spalla e al braccio si ripresentarono lancinanti. Trattenne il fiato per il male, poi espirò a lungo, scacciando per un attimo il dolore.

"Speriamo di farcela. Tu mi capisci, vero bella?"

Il cane guaì e continuò a leccargli la mano sinistra.

Poco dopo Elena fu di ritorno e ripresero la marcia verso Livinallongo. Intorno si intravedevano appena le creste di alcune Dolomiti. Proseguirono il viaggio per qualche chilometro, dopodiché Elena imboccò una stradina che si inerpicava su nei boschi. Dopo qualche minuto giunsero finalmente a destinazione.

"Figo, no?" esclamò Elena spegnendo la macchina.

Lui non disse niente.

"Volevi stare da solo? Be', più solo di così è dura..."

Scesero dall'auto. Elena fece fare la pipì a Inga, mentre Giacomo scaricò la sua valigia dal bagagliaio ed entrò. Subito si rese conto che l'ambiente era già ben riscaldato.

Travi a vista e pavimento in legno. Al centro della sala, un caminetto in pietra con parecchia legna da ardere già posta al suo fianco. Dalla parte opposta della sala, una vecchia stufa in maiolica decorata vicino a un enorme divano a elle.

Elena entrò insieme al cane.

"Caspita che freddo fa fuori!" esclamò. Poi si guardò intorno. "Bellissima ristrutturazione, eh?"

Giacomo si voltò verso di lei.

"Sai che odio il lusso!" bofonchiò.

Lei sorrise.

"Allora se vuoi puoi dormire sul prato davanti," gli rispose. Aggiunse: "La camera da letto è di sopra e mi hanno confermato che oltre al frigorifero anche la dispensa è piena. Ah, dimenticavo questo...".

Aprì l'enorme borsa a tracolla e prese un telefonino uguale al suo. Lo posò sul tavolo insieme a un pezzetto di carta colorato.

"In caso di bisogno."

Poi Elena gli si avvicinò, lo abbracciò e gli disse:

"Meglio che vada, devo mettere a punto le ultime cose per domani. Dormi bene, rilassati. Verrò a prenderti alle dieci, okay?".

Giacomo le fece sì con la testa e una volta rimasto solo, uscì di nuovo all'aria aperta.

Le crode del Civetta, della Marmolada e del Sella disegnavano una silhouette continua nel cielo notturno. Sotto il loro profilo c'era il buio; sopra, le stelle. Chiuse gli occhi e respirò a pieni polmoni. Udì il verso del gufo e quello della civetta.

"Sono di nuovo qui, monti."

21.

Il mattino seguente Elena salì a prelevarlo sventolando il "Corriere delle Alpi".

"Il ritorno del più grande artista ladino," lesse ad alta voce. "Il suo capolavoro, raffigurante un soggetto impiccato che calza un vecchio scarpone di montagna rappresenta..."

"Basta, basta!" esclamò lui.

"Come stai? Dormito bene?" gli chiese ripiegando il giornale.

"Così così."

"Sei pronto? Dai, che dobbiamo andare."

"Dov'è Inga?"

"Abbiamo fatto una gran passeggiata stamattina e ora l'ho lasciata nella camera d'albergo. Conoscendola dormirà per quattro ore."

Quando arrivarono alle porte di Pieve di Livinallongo, con il paese e il campanile della chiesa che svettavano contro il massiccio del Sella, Giacomo fu scosso da un attacco di tosse.

"Non hai voglia di rivedere la casa dove sei cresciuto?"

"Non oggi. Vediamo domattina..."

Già da lì si scorgevano molte automobili parcheggiate e persone che si incamminavano verso il centro del paese per non perdersi l'inaugurazione della scultura.

"Elena..." mormorò Giacomo.

"Dimmi."

"Prima possiamo passare dal cimitero?"

"Certo."

Lui le indicò un punto sopra la strada.

Entrarono insieme, ma lui le chiese di lasciarlo solo. Si diresse con sicurezza verso la tomba della mamma e la lapide in memoria del papà. Interdetto, si fermò. Non c'erano più, al loro posto nuove sepolture.

Non trovò nemmeno quelle dei nonni, sostituite da tombe di persone scomparse di recente. Si sentì mancare. Era possibile cancellare la memoria? Si passò una mano sulla faccia ed era pronto a uscire quando notò una tomba spoglia e senza fiori. Era l'unica con una croce di legno anziché in ferro battuto. Si avvicinò e lesse:

"Katharina Thaler detta Tina, morta il 29 giugno 1991". Sotto c'era una sua vecchia foto presa da lontano. Giacomo sentì il collo irrigidirsi e stringergli il fiato. Si avvicinò alla croce e sfiorò la foto con una carezza. Poi tirò fuori dalla tasca il cirmolo portafortuna che gli aveva regalato il professor Lari e lo depose sulla tomba conficcandolo nella terra fino a farlo sparire.

"Tina..." sussurrò guardando le cime delle montagne intorno. "Tina..." ripeté.

Poi guardò Elena e con la voce rotta esclamò:

"Andiamo!".

22.

Attraversarono velocemente la piazza confondendosi tra la gente.

Ogni angolo, ogni scorcio parevano più piccoli. Anche la fontana di pietra dove lui e i suoi amici si ritrovavano per giocare, la stessa dove aveva rivelato loro il suo segreto.

Entrarono nel palazzo e salirono le scale.

Nel municipio sembrava esserci l'intero paese. Mentre il sindaco parlava, Giacomo si guardò intorno per capire se riconosceva qualcuno. In quarant'anni molti erano morti, altrettanti se n'erano andati, altri ancora erano nati dopo la sua partenza. La comunità non era più la stessa e anche il modo di vestire non era più quello di un tempo, quando la gente era povera, contadina e ossuta come le volpi rabbiose. Sapeva di non doversene sorprendere, ma non riusciva a evitarlo, proprio come gli era successo al cimitero.

C'era un vecchio in seconda fila. Era sfigurato da una orribile cicatrice da taglio che gli attraversava tutto il viso, non applaudiva e non sorrideva mai. Lo fissava con i suoi occhi neri e profondi come due antichi pozzi che si aprivano nel mezzo di occhiaie scure. Era magro e ingobbito, di corporatura esile e ossuta. Le sue labbra erano sottili e taglienti, ma erano soprattutto quella lunga cicatrice e lo sguardo indagatore a colpire Giacomo. Intanto il sindaco aveva terminato il suo discorso e passò il microfono a un assessore e infine a Elena, la quale prese la parola in nome dell'artista. Ringraziò l'amministrazione e soprattutto la decisione di Nef di mostrare in anteprima il proprio lavoro là dove era nato e cresciuto.

La gente sorrise, applaudì. Il vecchio niente: continuava a fissarlo.

Il pubblico si agitò improvvisamente e alcuni prepararono le macchine fotografiche. Giacomo capì che Elena aveva dato il via libera allo svelamento della scultura.

Eccolo, il *Desconesciü*. I flash presero a lampeggiare mentre nella sala scoppiò un fragoroso applauso.

Il vecchio rimase immobile come una pietra nel greto del torrente. Guardava la statua e guardava Giacomo. Guardava Giacomo e poi riguardava la statua.

Una donna a braccetto di un uomo riuscì a eludere l'attenzione dei vigili e si portò alla destra di Giacomo.

"Giacomo! Giacomo! Sono Teresa! Ti ricordi di me?"

Quel viso, quel sorriso.

"Teresa..." biascicò Giacomo. La spalla cominciò a dolergli forte.

"Complimenti. L'ho sempre saputo che ce l'avresti fatta. Avevi talento e passione. Il *Desconesciü* mi ha fatto tornare in mente tutto, è incredibile. Alla fine hai dato vita alla tua visione, eh?"

Mentre la folla rumoreggiava e faceva foto chiedendo di potersi avvicinare alla statua e all'artista, Giacomo si portò una mano al cuore. Lo sentiva rotolare sui prati per poi fare un balzo su una cunetta. Teresa era vestita bene, aveva i capelli grigi e una spilla di ottone che risaltava sull'impermeabile. Solo in quel momento si accorse che accanto a lei c'era un uomo.

"Lui è mio marito," disse Teresa, che senza togliere gli occhi da Giacomo cominciò a raccontare. "Sai che la prima opera che ha fatto l'ha regalata a me? Avevamo sei o sette anni..." e sorrise. "Noi viviamo a Bolzano da molto... io faccio l'infermiera in ospedale. Tu stai a Venezia, ho sentito."

"Sì."

"Sai, la settimana scorsa ho letto sul giornale di questo

evento e allora mi sono organizzata per tornare qui e vederti, dopo tanto tempo... Ma a Pieve non c'è più nessuno dei nostri coscritti. Sono scesi tutti quanti."

"Lo immaginavo..."

Teresa si staccò dal braccio di suo marito, fece un passo in avanti verso Giacomo e gli disse:

"Sei cambiato tanto, ma i tuoi occhi sono sempre gli stessi, sai? La luce è quella di una volta...".

Lui si sentì improvvisamente mancare le forze. Lei abbassò la voce, tentennò:

"Ti devo chiedere scusa... In fondo è per questo che sono venuta. È una specie di nodo che mi sono sempre portata appresso, per tutta la vita. E ora finalmente sono qui per scioglierlo".

Giacomo aspettò che continuasse.

"Quella volta non sono stata io a svelare il tuo segreto, è stato Umberto. L'ha detto a suo padre, non credo immaginasse i guai che avresti passato... mi sono sentita lo stesso in colpa per tanto tempo... non ero riuscita a dirti la verità."

Elena strattonò Giacomo per portarlo via.

"Ora dobbiamo andare, altrimenti vorranno parlarti tutti quanti!" lo ammonì.

Giacomo guardò un'ultima volta gli occhi lucidi della sua vecchia compagna di scuola. "Non preoccuparti," le disse. "Sono felice di averti rivista." E dopo aver pronunciato questa frase si sentì più sereno, come un cielo dopo una ventata improvvisa.

Elena stava cercando di tenere a bada un giornalista locale e due *Schützen* in costume che volevano a tutti i costi una foto con "lo scultore della loro patria".

"Andiamo, Giacomo. Prima però devi almeno salutare il sindaco!"

Si avvicinarono alle autorità e al direttore della banca che aveva sponsorizzato l'evento e si strinsero le mani. Giacomo intravide di nuovo quel vecchio con la cicatrice.

Basta. Doveva sapere. Si mosse per andargli incontro, ma

prima che potesse dirgli qualcosa il vecchio indicò deciso il *Desconesciü*.

"Quello!" esclamò. "Quello lì!" ripeté quando gli fu a un passo di distanza.

I suoi occhi magnetici erano quelli di un lupo.

Il vecchio indicò ancora la statua e con accento tedesco sentenziò:

"Lo scarpone è mio!".

Giacomo vacillò.

"Scusi?"

"Hai capito bene. Quello scarpone è mio e lo rivoglio indietro."

"Cosa sta dicendo?"

"Io so quello che dico e te lo posso provare. Rivoglio il mio scarpone."

Giacomo sentì il respiro cadergli nello stomaco. Si disse che probabilmente si trattava del matto del paese, un vecchio rimbambito che era venuto fin lì portandosi appresso i suoi deliri. A bruciapelo gli chiese:

"Sta dicendo sciocchezze. Perché dovrei crederle?".

Il vecchio fece un sorriso insolente.

"Quello scarpone l'hai trovato nel *Bosch Negher*, dimmi che non è vero se ne hai il coraggio."

Giacomo credette di cadere a terra come una mela matura.

"Vero o no?" aggiunse il vecchio. "Pensi ancora che io dica sciocchezze?"

Impallidito, Giacomo si portò a un palmo dal viso del vecchio:

"Senta, qui c'è troppa gente... venga oggi pomeriggio da me. Venga da solo. Io sarò solo". Estrasse dalla tasca dei pantaloni un foglietto di carta stropicciato e con una matita scrisse l'indirizzo.

"Mi promette che verrà?"

"Certo! Ma tu devi restituirmi ciò che è mio."

"La aspetto," disse Giacomo.

23.

Giacomo si passava nervosamente da una mano all'altra il vecchio scarpone. Ci aveva messo un po' a convincere Elena a rientrare dopo la chiusura della mostra e sfilarlo al *Desconesciü*, ma alla fine lei aveva ceduto.

Stomaco contratto, nessun appetito. Continuava a camminare avanti e indietro nella grande sala guardando l'orologio appeso alla parete del soggiorno. Prese una bottiglia di sidro dalla valigia, la aprì e ne bevve un bicchiere. Indossò il cappotto e uscì. Il cielo era limpido e il sole illuminava l'intera vallata mostrando tutta la bellezza delle Dolomiti circostanti, le vette e i crinali della sua infanzia.

Si diede dello stupido per non avergli chiesto almeno il nome. Quel vecchio con la cicatrice sapeva cose importanti sul suo conto, ma Giacomo di lui non sapeva un bel niente. E se non si fosse presentato lì, come avrebbe potuto rintracciarlo? Aveva promesso che sarebbe andato da lui, ma come faceva a fidarsi? Pensava a lui come se fosse l'anello di congiunzione tra realtà e sogno. Tina la cacciatrice avrebbe detto fra leggenda e Storia.

Rientrò, erano le due e mezza. Gli parve che facesse freddo. Accendere il camino lo avrebbe certamente aiutato a tranquillizzarsi. Prese in mano due pezzi di legno, li maneggiò, li annusò e li soppesò. L'abete era leggerissimo e chiaro, il faggio un po' più pesante e scuro, ma erano entrambi ben essiccati e stagionati.

"Come fa a sapere dove ho trovato lo scarpone?" Sarebbe stato lui a svelargli il mistero del Bosco Nero?

Si inginocchiò davanti al caminetto, incastellò pazientemente insieme un pezzo di legno dopo l'altro. I ciocchi più piccoli e leggeri sotto, alla base del castelletto, quelli più grossi e pesanti sopra. Uscì, andò nel bosco dietro il tabià e raccolse delle ramaglie secche, spezzandole per ridurne il volume e farne un fascio. Rientrò e le infilò nella pancia vuota alla base del castelletto. Strappò una pagina di giornale tra quelli riposti sul tavolo in soggiorno, lo infilò nelle ramaglie e lo accese con l'accendino. La carta prese fuoco e contagiò subito i rametti.

Quando le vampe avvolsero i primi pezzi di abete alla base della pila, Giacomo si incantò a vederli ardere schioccando e scoppiettando.

Fece un passo indietro e allungò le mani verso il focolare, gustando il calore. Gli parve di udire un rumore che proveniva da fuori, nascose il vecchio scarpone e si portò velocemente alla finestra. Una piccola auto bordeaux avanzava verso il tabià. Un solo conducente. Sì, era lui, il vecchio con la cicatrice.

Giacomo tirò un sospiro di sollievo, ma subito si accorse che era più di agitazione. Il vecchio spense il motore. Tutt'intorno si fece di nuovo silenzio. Scese e venne verso di lui. Soltanto allora Giacomo si accorse che era zoppo.

"Sono felice che sia venuto," esordì. "Ha mantenuto la promessa."

Il vecchio si guardò intorno e disse:

"Tu hai un debito e io sono venuto a riscuoterlo. Te l'ho detto".

Giacomo gli porse la mano. Il vecchio indugiò, ma poi gliela strinse.

"Vogliamo entrare? Immagino che lei abbia molte cose da dirmi..."

"Non più di quello che ti ho già detto, a dire il vero."

Allora sono io che ho molte cose da chiederti, pensò Giacomo, ma disse solo: "Prego!" e fece strada verso l'ingresso.

"Quanto ti fermerai?" domandò l'uomo arrancando sul vialetto.

"Domattina tornerò a Venezia. E lei, quanto tempo ha adesso?"

"Devo tornare a Tiser prima che inizi a nevicare."

"Nevicare?!" esclamò Giacomo guardando il sole che splendeva nel cielo sopra il Sasso Bianco.

Il vecchio disse:

"Non ti ricordi niente della tua infanzia, eh? Non senti come è girato il vento, non senti nell'aria il profumo della neve?".

Giacomo annusò l'aria e non disse nulla, una volta dentro invitò il vecchio a sedersi.

"Allora, signor..."

"Da Rold. Mi chiamo Mario Da Rold."

Giacomo prese la seconda bottiglia di sidro che aveva portato con sé e gliela mostrò.

"Ne vuole?"

"No." Guardò il fuoco robusto che ardeva nel caminetto.

Giacomo appoggiò la bottiglia vicino alla dispensa e si sedette. Pensò a quanto assurda fosse la situazione che stava vivendo. Due sconosciuti, uno di fronte all'altro, in una casa di ignoti.

Il vecchio chiuse gli occhi e con il suo accento tedesco ruppe il silenzio:

"Quello scarpone è mio, mi appartiene e lo rivoglio".

"Senta, signor Da Rold. Se lei ora si trova qui è perché mi ha detto una cosa che nessuno al mondo può sapere e infatti nessuno sa, a parte lei, e cioè che io ho trovato quello scarpone nel *Bosch Negher.* E adesso, se permette, vorrei qualche spiegazione."

L'uomo osservò il fervore delle lingue di fuoco.

"Li ho fatti per tutta la vita, sai?"

Giacomo lo fissò senza capire.

"Che cosa?"

"I caminetti. Ma soprattutto le stufe tirolesi come quella laggiù, in fondo," disse.

Indicò la stufa in maiolica nell'altra sala.

"Bello vedere il fuoco, ma la stufa è la cosa migliore, non c'è paragone: calore costante, sicuro, pulizia dell'aria, risparmio di legna... Però questo è un ottimo caminetto, è stato fatto a regola d'arte, devo dire. È la prima cosa che ho notato entrando. È sempre stato il mio lavoro, quello del fumista, sai? Ho lavorato sodo, ma sono rimasto povero. Tu invece..."

Giacomo non riusciva a capire se il vecchio lo stesse prendendo in giro.

"Io cosa?"

"Tu hai fatto fortuna. Sei diventato ricco e famoso."

Giacomo si alzò dalla sedia.

"Senta, questo suo comportamento è sleale. Io le ho dato retta e fiducia facendola venire fin qui e aprendole le porte di questa casa e lei..."

Il vecchio si coprì gli occhi con le mani nodose. Alzò una mano per chiedere scusa.

"Hai ragione," disse. "Dammi il tempo e ti racconterò tutto. Non è mica facile, sai."

Giacomo aggiunse un legno al fuoco e tornò a sedersi.

Da Rold appoggiò le mani sul tavolo. Poi cominciò a parlare.

"Però devo partire da lontano e tu devi avere la pazienza di ascoltarmi."

Giacomo annuì.

24.

"Ho settantanove anni. Sono nato a Merano nel 1915 da una famiglia originaria di Lucerna, e quando ero piccolo, figlio unico, ci siamo trasferiti a Corvara perché da quelle parti per noi ebrei tirava una brutta aria..."

"Ebreo?" proruppe Giacomo. La spalla adesso sembrava bruciargli dall'interno.

"Proprio così. Papà faceva il fumista e il lavoro in queste valli ladine non mancava. I miei se ne andarono all'altro mondo molto presto, ma per fortuna da mio padre avevo imparato il mestiere. Un giorno a Canazei di Fassa ho conosciuto una ragazza, anche lei di famiglia ebraica. Io e Rachele ci siamo innamorati e poi sposati. Abbiamo avuto una figlia, Susanna. Io lavoravo tanto senza disturbare nessuno e la nostra bambina cresceva. Stavamo abbastanza bene, ma i tempi sono cambiati presto e la grandine ha iniziato a picchiare anche qui..."

La sua voce si strozzò in gola. Era chiaro di che grandine si trattasse, le leggi razziali.

Da Rold fece un cenno a Giacomo. "Adesso sì, per favore..." aggiunse.

"Cosa?"

"Un bicchiere lo bevo."

Giacomo recuperò il sidro, stappò la bottiglia e versò da bere.

"Grazie," disse l'uomo alzando il calice verso Giacomo e vuotandolo. "Un po' asprigno ma buono."

"Sidro di mela. Mio nonno lo faceva sempre, lo chiamava *most*."

"Scoppiò la guerra," proseguì il vecchio, "e io e la mia famiglia non ci sentimmo più al sicuro. Dopo l'8 settembre quelli come noi venivano portati via e mandati a morire nei campi di sterminio. Io avevo ventotto anni e tanta paura. Dovevamo nasconderci da qualche parte. Fu allora che un nostro vicino di casa che si chiamava Pichler, un tappezziere di buona famiglia che con noi era sempre stato benevolo, si offrì di darci ospitalità in una baita isolata che lui ci disse di possedere nei boschi ai piedi del Monte Padon, proprio là, vedi?"

Indicò la montagna verde e nera che si vedeva fuori dalla finestra.

"Gli diedi tutti i risparmi che avevo messo da parte in tanti anni di lavoro. Un giorno, prima del tramonto, ci mettemmo in cammino lui, io, mia moglie e mia figlia, che non aveva nemmeno dieci anni. Dopo quattro ore arrivammo finalmente nella casa di legno e pietra nei boschi e tirammo un sospiro di sollievo, ringraziando Dio."

Il vecchio si interruppe e cominciò a piangere. Alzò il bicchiere. Giacomo glielo riempì e altrettanto fece col proprio. Il sidro macerato profumava di mela selvatica di montagna.

"E poi?" lo incalzò con garbo Giacomo.

A fatica Da Rold ricominciò a parlare, lentamente, ancora scosso dai singhiozzi.

"Entrammo nella casupola e l'uomo ci offrì qualcosa da bere e da mangiare, poi ci indicò una botola sul pavimento di assi e ci invitò a scendere di sotto per mostrarci la camera da letto. Quando scendemmo non trovammo né letti né brande ma solo una piccola stanza vuota scavata sottoterra. Aveva messo qualcosa nell'acqua o nel cibo, non so. Perdemmo i sensi e quando ci risvegliammo eravamo suoi prigionieri. Da lì era impossibile scappare."

Giacomo si passò una mano sulla gola.

"Una volta alla settimana tornava e ci gettava acqua e pane dalla botola. E mentre lo faceva ci raccontava per filo e per segno della fame che aveva dovuto patire quando era piccolo. Era un pazzo, e noi eravamo solo vittime facili e indifese." Fece una pausa e tirò su col naso. "La vedi questa cicatrice? Ma ciò che ha fatto a me è niente..."

Bevve ancora.

"Un giorno fece uscire all'aperto Rachele e Susanna... e un minuto dopo udii due spari. La notte dopo sentii i lupi finire il lavoro. Nessuno sa cosa può nascondersi nell'animo di un uomo qualunque..."

Giacomo sentì la bocca secca come il ghiaccio e un improvviso sapore di ruggine sulla lingua. Si alzò, mise un altro pezzo di legno nel focolare e prese una bottiglia di Calvados che aveva trovato in salotto. Versò il liquore in entrambi i bicchieri, senza chiedere.

Dopo un minuto di silenzio, coperto dal suono confortante delle fiamme che ardevano, Giacomo chiese:

"E come ha fatto a uscirne vivo?".

"Per errore, destino, casualità, fortuna, miracolo, provvidenza... chiamalo come vuoi. Sai per quanto tempo rimasi prigioniero lì dentro?"

Giacomo scosse impercettibilmente la testa.

"Tre anni, fino al 1947. Quel bastardo aveva cominciato a venire sempre di meno, le razioni di cibo diminuivano a ogni sua visita. Credevo di morire da un momento all'altro, ero magro e bianco come un pollone di betulla, quasi cieco, sporco, disidratato. Uno spettro. I capelli e la barba mi arrivavano al fondoschiena e all'ombelico. Non capivo più niente, la mia mente era invasa dalla violenza e dal dolore per la morte di Rachele e Susanna. Le loro grida strazianti riempivano la mia testa giorno e notte. Non so perché non l'ho fatta finita, certe volte ancora me lo chiedo. Avrei potuto picchiare la testa sui muri fino a uccidermi, eppure non l'ho fatto. Un giorno d'estate lui era ubriaco e andando via si dimenticò di chiudere la botola e tirare su la scaletta. Pensai che fosse una trappola, il beffardo piacere prima di uccidermi appena fossi salito. Non so con quali forze riuscii a risalire i pioli di quella scaletta. Scappai via subito, abituandomi un po' alla volta alla luce del giorno."

Giacomo buttò giù il Calvados, non trovava parole perciò rimase in silenzio.

"Per quanto sia difficile e atroce la tua vita, troverai sempre qualcuno che te ne racconterà una peggiore."

Dalle grandi vetrate che si affacciavano sulla profonda vallata di Fodòm, entravano le prime luci del tramonto, che tingevano di rosso e arancio i cieli sopra il Sella e la Marmolada. E poi le prime stelle.

Il vecchio riprese a raccontare, mentre il suo volto illuminato dai riflessi delle fiamme sembrava muoversi e ondeggiare come i cimali dei larici durante una ventata di tramontana nera.

"Vestito come un eremita, vagai per i boschi notte e giorno. Non capivo niente e il terrore di incontrare qualcuno mi atterriva. Non volevo scendere a valle. Non decidevo io per me, era il panico a farlo. Mi nutrii di erbe selvatiche e funghi. Dormii in una grotta che trovai a mezza quota. L'acqua lì non mancava. Poi cominciai a scendere e infine raggiunsi il primo paese che trovai. Mi avvicinai a una caserma dei Carabinieri per chiedere aiuto. Raccontai per filo e per segno ciò che mi era accaduto, ciò che era successo a mia moglie e mia figlia, ma il comandante non mi credette. Disse che da loro verifiche la casa che avevo indicato come mia era stata confiscata tre anni prima e che il nome col quale mi ero presentato era fra quelli sterminati a Dachau. Insomma, per lui ero un bugiardo, io per i Carabinieri non esistevo, ero un senza fissa dimora oltre che un impostore. Così mi arrestarono per vagabondaggio. Capisci? Proprio coloro che dovrebbero stare dalla parte dei deboli sono spesso quelli che li colpiscono più duramente. Fui spedito nel carcere di Belluno e in seguito un giudice mi condannò alla reclusione minacciando di farmi rinchiudere in manicomio. Rimasi in prigione per qualche anno e anche lì sono riuscito a resistere e rimanere vivo."

Da Rold batté forte un pugno sul tavolo ed esclamò:

"Rimasi in vita unicamente per vendicarmi, caro Nef!".

"È una storia devastante, ma... mi perdoni... cosa c'entra lo scarpone?"

"Aspetta!" Il vecchio non aveva intenzione di interrompere il suo racconto.

"Quando finalmente uscii dal carcere era il 1952 e avevo trentasette anni. Mi sistemai a Stagùda, in Val Pettorina. Lì non conoscevo nessuno e nessuno conosceva me. Presi ad aiutare un vecchio fumista che mi diede un letto dove dormire e un lavoro. La vendetta era la mia idea fissa, ma per realizzarla avevo bisogno di tempo e pazienza poiché Pichler era sparito da Corvara e nessuno sapeva che fine avesse fatto. Superando il terrore mi recai in quella catapecchia tra i boschi del Padon dove si era consumata la strage della mia famiglia, ma non trovai alcuna sua traccia e indagando venni a sapere perfino che quel posto non era mai stato suo..."

Da Rold si alzò di scatto. "Mi dissi che non l'avrei più ritrovato, e che probabilmente era scappato in chissà quale parte del mondo, come molti uguali a lui avevano fatto alla fine della guerra, no? Magari si era rifatto una vita, un nome nuovo. Non mi diedi mai per vinto e alla fine, grazie a una banale chiacchierata con un mio cliente, un partigiano sopravvissuto all'eccidio di Falcade, ecco che lo scovai."

Giacomo si versò ancora da bere.

"Era il 1954, avevo trentanove anni, avevo recuperato quasi del tutto la mia forza, e quella che non avevo me l'avrebbe mandata Dio stesso per il mio scopo," continuò. "Pichler non aveva cambiato nome e non era andato lontano... Si era trasferito appena qualche chilometro più in là, isolandosi sopra il paese di Andraz in una casa di pietra molto lontana dal piccolo abitato. Non appena lo vidi fui sicuro che si trattava proprio di lui, e allora escogitai la mia vendetta. Un tardo pomeriggio d'agosto mi appostai vicino alla sua casa e poco prima del tramonto lo sorpresi sull'uscio colpendolo alla schiena e alle ginocchia con un grosso bastone di nocciolo. Lo imbavagliai, gli legai mani e piedi e lo ficcai dentro un sacco di canapa. Mentre si dimenava e si lamentava, lo trascinai con tutte le mie energie fino al vicino bosco, più su...”

Giacomo fu scosso da un accesso di tosse. Una cascata gelida di verità gli scrosciò addosso con una violenza inaudita e si sentì svenire. Si alzò e uscì dalla porta per prendere un po’ d’aria, poi tornò a sedersi, strinse la testa tra le mani e appoggiò i gomiti sul tavolo.

“Nel *Bosch Negher* individuai un grosso peccio e lì mi fermai. Un temporale di fine estate stava avanzando. Tirai fuori dal mio zaino la grossa corda, vi feci un cappio e mentre Pichler si dibatteva invano e tentava di dire qualcosa, legai la cima a un grosso ramo. Poi lo guardai dritto negli occhi e non dissi nulla. Nessuna parola, niente di niente. Lo fissai e basta. Gli strinsi il cappio al collo e con tutta la forza che avevo lo impiccai al peccio. Nella concitazione però lo scarpone si sfilò dal piede e rotolò a terra.”

Giacomo ormai piangeva a grosse lacrime e i suoi singulti coprivano a tratti la voce del vecchio.

“Io avevo undici anni... Avevo undici anni...” ripeteva disperato.

Ma Da Rold continuava:

“Proprio mentre stavo tentando di recuperare la scarpa qualche metro più giù, sentii un rumore di passi veloci nel sottobosco. Mi nascosi nella selva e mezz’ora dopo tornai sul posto mentre pioggia e grandine imperversavano come se fosse la fine del mondo. Temendo di essere stato scoperto, decisi di far sparire il cadavere per seppellirlo poco lontano. E così feci. Scavando la terra molle e fradicia di pioggia con le mie mani, fino a farle sanguinare. Poi tornai sul luogo del delitto, cercai lo scarpone al buio e sotto la tempesta, non riuscii a trovarlo ma mi convinsi del fatto che non avrei dovuto preoccuparmene. Contava aver fatto sparire per sempre il cadavere”.

“Erano i miei, quei passi nel sottobosco...” riuscì a dire Giacomo. “E proprio io ho ritrovato lo scarpone, qualche tempo più tardi... Era più giù, una decina di metri, seminascosto tra i rovi...”

Da Rold bevve ancora e disse:

"Due notti dopo me ne andai dalla Val Pettorina senza lasciare alcuna traccia. Tagliai barba e capelli e andai a Tiser, un piccolo paese fuori Agordo. Dissi che ero un artigiano fumista triestino e che desideravo trasferirmi lì, e che purtroppo il giorno prima ero stato derubato ed ero rimasto senza documenti. Corrompendo un impiegato comunale non fu difficile ottenerne di nuovi senza nemmeno fare denuncia ai Carabinieri e passare tramite la prefettura. Quel giorno divvenni Mario Da Rold, il nome che scelsi al posto del mio vero nome, Abram Nunes".

Giacomo lo guardò incredulo. Ripeté mentalmente il vero nome di quell'uomo: "Abram Nunes". Gli ultimi tasselli si erano finalmente messi al posto giusto.

Non c'era niente di consolatorio in quel racconto, gli uomini potevano perdere ogni umanità e raggiungere territori dove nemmeno le bestie si addentravano. Come questo poteva accadere, forse era davvero un arcano che nessuna luce era in grado di svelare. Aveva ragione Tina, il mistero del *Bosch Negher* era un nodo inestricabile di vendette, colpe, segreti. Ma ora quella nuova luce aveva dissipato almeno la maledizione dell'impiccato. Ed era rimasta una tragedia.

25.

Lui e il vecchio Abram Nunes si guardarono negli occhi lucidi.

"Ora capisci perché rivendico quello scarpone! Lo rivoglio per almeno due motivi. Il primo: tu con l'impiccato di legno e con questo scarpone hai fatto fortuna grazie a me e alle mie sofferenze. Secondo motivo: devo finire l'opera che ho iniziato quarant'anni fa. Di quel figlio di troia non deve rimanere nemmeno una traccia."

Giacomo si asciugò gli occhi. Cominciò a dargli del tu.

"Ma come hai fatto a conoscermi, a rintracciarmi, a sapere che quello scarpone ce l'avevo io?"

"Un uomo di Sedico ha sparso la voce dappertutto. Chiedeva in giro e cercava informazioni su una persona scomparsa nel 1954 dicendo che la cosa interessava a un famoso scultore di Venezia nato a Daghé. Qualcuno ha tirato fuori il mio vecchio nome e ho iniziato a preoccuparmi perché basta poco calore per far cadere una slavina. Non è stato difficile rintracciarti."

La luce nella stanza si era affievolita, fuori stelle non ce n'erano. Giacomo guardò l'orologio, erano le sei passate.

"Ciò che hai vissuto è terrificante..." disse, "ma lo è anche quello che hai fatto tu... L'orrore non si cancella con nuovo orrore."

Il vecchio alzò il sopracciglio destro e lo guardò di sbieco. Si coprì gli occhi con le mani.

"Lo so. Un ebreo non uccide ma l'odio si era impossessato di me. L'essere umano, più che dal bisogno, è mosso dal desiderio di significato," mormorò.

Giacomo espirò forte come se volesse espellere dal proprio corpo tutto il veleno che aveva inspirato durante quella confessione.

"Tuttavia le vendette non portano a niente," disse. "Sono cresciuto nella violenza, tutto nella mia infanzia, ogni cosa, era figlia dell'odio mascherato dalla buona volontà. E proprio per questo non me la sento di avallare il tuo delitto, e così la tua richiesta... Non posso assecondare questa catena di crudeltà, altrimenti non avrà mai fine."

Nunes cominciò a singhiozzare convulsamente e Giacomo si voltò dall'altra parte finché nella stanza non vi fu nuovamente silenzio. Con la voce sfilacciata il vecchio disse:

"C'è un altro motivo".

Negli occhi arrossati e gonfi di lacrime dell'uomo Giacomo riconobbe la contrizione di un uomo distrutto e si ricordò di quando sua nonna gli diceva che l'umiltà di un uomo è il segno della sua intelligenza.

Giacomo sollevò la mano sinistra. La mano dello storpio, come diceva suo nonno. La appoggiò su quella del vecchio. Ora erano entrambi disarmati uno per l'altro.

"Rivoglio quello scarpone per poterlo eliminare definitivamente, per provare a dimenticare in pace. Ci sono dolori che possono essere alleviati soltanto dall'oblio."

Giacomo abbassò lo sguardo fissandolo sulle sue scarpe. Pensò che nessuna parola giusta al momento giusto può valere quanto un silenzio giusto al momento giusto. Guardò ancora quel vecchio uomo distrutto. Gli sembrò un'antica anfora in terracotta ridotta in mille pezzi.

Giacomo andò nella sala attigua e tornò con una scatola. La aprì e tirò fuori il vecchio scarpone. Lo mise sul tavolo, tra sé e Nunes. Poi buttò quattro grossi pezzi sul fuoco e in pochi istanti le fiamme divamparono con tracotanza.

Nunes afferrò la scarpa. Se la portò sotto gli occhi, la girò e la rigirò. Poi cominciò a piangere. Giacomo gli si avvicinò: "Avanti, se non lo fai tu lo faccio io".

L'uomo si asciugò le lacrime, si avvicinò al caminetto e con un gesto deciso vi gettò la scarpa.

Le vampe sprigionate dal rogo divorarono il vecchio scarpone. Quando fu ridotto in cenere, i due bevvero ancora un bicchiere insieme.

"Devo andare," disse poi il vecchio di punto in bianco.

Giacomo annuì. Gli restituì il cappotto e il cappello e lo accompagnò fuori, fino alla macchina.

Scossi dal vento, i cimali degli alberi nei boschi attorno sembravano voler scrivere qualcosa sul cielo opaco e privo di stelle.

26.

Quella notte Giacomo non chiuse occhio.

Rimase avvolto in una grossa coperta, steso sul divano davanti al caminetto, incantato a osservare le fiamme che poco a poco si facevano sempre meno forti. Gli tornarono in mente tutte le volte che era stato rinchiuso nella stanza delle mele per punizione o quando ci si ritirava per guarire in silenzio dalle botte del nonno, proprio come aveva fatto la gatta dei Moroder quando era sparita nel fienile per leccarsi le ferite. Pensò che tutto aveva avuto inizio proprio in quella stanza, dove aveva cominciato a scolpire.

Fuori il vento sibilava come se volesse sradicare le foreste e dal cielo i fiocchi scendevano in vortici. Giacomo sorseggiò il Calvados rimasto nella bottiglia. Quel *Desconesciü* non era più tale. Ripeté più volte il suo vero nome mentre guardava il fuoco spegnersi sulle ceneri della memoria. Aveva sempre creduto che quell'impiccato fosse una vittima, invece quanto era più complicata la realtà. Le parole di Tina gli salirono dal ventre: "Ti dissi che questa montagna veniva chiamata *Blutberg*, la montagna di sangue".

Quando suonò il telefonino che Elena gli aveva lasciato, erano da poco passate le otto.

"Sono Elena. Stai bene?"

"Sì. Stanco morto ma bene."

"Hai visto che ha nevicato?"

Era ancora buio, ma si diffondeva ovunque il bagliore

bianco della neve. Il vento era sparito e le prime luci dell'alba cominciavano a mostrarsi dietro il Civetta.

"Ho visto, sì."

"Ho appena svegliato il sindaco, mi ha assicurato che chiederà allo spazzaneve di pulire la strada che sale da te, così potrò venire a prenderti in tranquillità. In ogni caso il portiere dell'albergo mi ha già montato le catene. È stato davvero gentile."

"Fammi una cortesia. Digli di far pulire anche la stradina che sale alla frazione di Daghè."

"Ah, ti sei deciso?"

"Devo fare un'ultima cosa."

Lei tacque un attimo.

"Sicuro?"

"Sicuro."

Giacomo uscì. Da quarant'anni non vedeva le sue montagne coperte di neve. Si accovacciò, fece alcune palle e le lanciò contro i tronchi degli alberi. Rise come un bambino. Tutto in lui aveva bisogno di ritrovare candore.

Quando arrivò la BMW di Elena lui salutò alzando un braccio.

Lei non scese nemmeno e lo attese a bordo.

"Hai chiuso a chiave?" gli chiese.

"Sì, eccola qui," e posò il mazzo nel portaoggetti vicino al pomello del cambio. Poi si voltò verso il sedile posteriore.

"Ciao Inga, ti piace la neve?"

Il labrador gli leccò la mano.

"Gli piace eccome, vedessi come ha giocato nel giardino dell'hotel! Ah, Giacomo, poi magari quando scendiamo verso valle mi aiuti tu a togliere queste catene? Mi sembra di guidare un carrarmato..."

Lei cominciò la discesa mantenendo la seconda marcia.

"Ma lo scarpone?"

La guardò. Era bella come sempre. "Un giorno forse te lo racconterò!"

"Non si può arrivare fino in cima a Daghè," cambiò discorso Elena. "Lo spazzaneve si è fermato duecento metri prima."

"Vorrà dire che mi lasci lì e ci salgo a piedi."

"A piedi? Con questa neve?"

"Elena, saranno sì e no dieci centimetri. Capisco che sei veneziana ma..."

"E non prendermi in giro! Sai che da piccola a New York ne ho viste di nevicate grosse!"

Giacomo rise. Non rideva così da tempo. Si sentiva come quella neve asciutta e farinosa che ricopriva ogni cosa sulla superficie del mondo.

"La immagino la neve di Manhattan," disse scherzando. "Tutta glitter."

"Prendi poco per il culo, signor montanaro..."

Si guardarono per un istante e risero ancora di gusto.

Elena non capiva cosa potesse essergli accaduto per fargli cambiare umore in quel modo, ma ne fu felice. Era felice per lui.

Scesero fino alla strada provinciale e poi svoltarono in direzione di Livinallongo. Pochi minuti dopo arrivarono al paese e imboccarono la strada stretta che si inerpicava verso le frazioni di Palla e Daghè.

La strada era stata pulita ma la salita era talmente ripida che la coupé faticava a salire anche con le catene. Elena inserì la prima:

"Spero che in alto ci sia lo spazio per girarsi...".

Giacomo non la ascoltò nemmeno, pensava a quante volte aveva fatto in su e in giù quel percorso, quando era piccolo. L'auto avanzò lentamente e le montagne intorno sembravano elevarsi dalla Terra come se stessero nascendo e crescendo in quel momento, mentre alle loro spalle il paese di Pieve si faceva più piccolo e schiacciato in fondo alla valle scoscesa. Risalirono per diversi minuti finché trovarono uno spiazzo oltre il quale lo spazzaneve non aveva proseguito il lavoro.

"*Game over!*" disse Elena. " Hai ancora intenzione di andarci a piedi o scendiamo?"

"Aspettami qui, farò presto," disse lui, e si incamminò

lungo la stradina, affondando i passi nella neve fresca. Ripensava ai suoi fratelli, ai giochi d'infanzia, agli animali della foresta e a tutti i ricordi belli e brutti che aveva vissuto in quel posto, li avrebbe poi lasciati lì per sempre. Quando sbucò davanti a Daghè, il cuore gli si strinse. Il bosco aveva riconquistato le case, abbandonate, vinte da una selva intricata di abeti rossi, faggi, larici, sorbi. Si avvicinò e finalmente giunse alle porte del piccolo borgo. Le case dei Moroder e degli Stufles erano diroccate, desolate da chissà quanto tempo.

Al maso Nef era toccata la stessa sorte: il tetto della casa era crollato, probabilmente sotto il peso della neve di numerosi inverni.

Guardò quelle case come se stesse guardando la sua infanzia. Sentì il verso della poiana stridere in cielo. In alto e nel blu il rapace che volteggiava proprio sopra di lui sembrava volesse dargli il bentornato. Nonostante tutti quegli anni, le montagne erano uguali, era cambiato solo il destino degli uomini e dei loro manufatti, poca cosa di fronte alla maestosità della natura.

Giacomo raggiunse il *fistìl*. Con la mano tolse la neve che si era depositata sopra e scoprì che stava marcendo. Gli parve di vedere sua nonna sull'uscio di casa e il nonno nel pollaio, che ora era impenetrabile a causa delle piante infestanti e degli alberi nodosi che vi erano cresciuti all'interno. Le pendici del Col di Lana alle sue spalle erano piene di neve, così come i prati che salivano fino al *Triòl dei Mòrc*, a Ciamplò, a Cenglèi e al *Bosch Negher*. Il minuscolo borgo dove era nato e cresciuto ora apparteneva al silenzio dell'alta montagna. Daghè era disabitato e deserto, tuttavia Giacomo pensò che ci fosse comunque più vita lì che in qualunque strada di città.

Una frazione dimenticata in un luogo indimenticabile.

Avanzò ancora verso la casa e poi giunse davanti alla stanza delle mele, il cui ingresso era ostruito.

Si fece strada strappando rami e ramaglie finché riuscì a scorgere la soglia. Con ancora più forza e decisione strappò via tutto e liberò la toppa. Incredibilmente il portoncino sembrava intatto e integro come se in quell'angolo del maso il tempo non fosse mai passato. Tirò fuori dalla tasca la vecchia chiave di ferro e la inserì nella serratura.

Uno, due, tre giri di chiave e si aprì cigolando. Era rimasto tutto esattamente come l'aveva lasciato, a parte la muffa e le piante che sbucavano dalle fessure dei muri e dai pavimenti.

Sfiorò le pareti, annusò l'aria, accarezzò le assi sul pavimento e si inginocchiò. Poi gattonò fino all'angolo sotto la finestrella, trovò a memoria il punto in cui due assi di larice si incastravano fra loro e premendo sulla prima riuscì a sollevare la seconda.

Il suo vecchio nascondiglio.

Vi infilò un braccio e la mano toccò qualcosa.

I suoi occhi brillarono.

Avvolto in un vecchio telo di juta c'era il gufo di larice che aveva scolpito quarant'anni prima. Era quasi irriconoscibile, consunto e smussato dal tempo e dall'umidità. Ma era proprio lui.

"Te l'avevo promesso! Sapevo che saresti riuscito a vedere nel buio della mia notte," esclamò.

E si lasciò andare a un pianto che non aveva fretta di interrompere. Poi, con molta premura, infilò la piccola scultura nell'ampia tasca del cappotto e uscì senza chiudere a chiave.

Sorrise. Il tepore della luce si adagiò dolcemente sulla pelle del suo viso. L'aria non gli era mai sembrata così fresca e buona.

Quando raggiunse Elena, lei lo stava aspettando appoggiata all'auto con gli occhiali sulla testa e il viso rivolto al sole.

"Tutto a posto?" gli chiese continuando ad abbronzarsi.

"Tutto a posto. Adesso possiamo tornare a casa."

Ringraziamenti

Voglio ringraziare Piergiorgio Nicolazzini e tutta la PNLA, sempre al mio fianco.

Ringrazio Laura Cerutti, perché ama sempre immergersi nel mio immaginario valorizzando la mia voce come nessuno mai.

Grazie a Carlo Buga, strenuo compagno di viaggio anche quando non ci si muove di un centimetro.

Grazie ovviamente a Adele, Maria, Lucia perché mi insegnano ogni giorno che nella vita niente genera completezza più di un respiro profondo.

E grazie a Dorch, con la quale mi incammino per nuovi sentieri e nuove mete, in silenzio. Per capirci ci bastano tre cose: uno sguardo, una carezza e il vento buono che scende dalle montagne.

Indice